Dieses Buch wurde mit dem
Deutschen Kinderbuchpreis 1982 ausgezeichnet

Guus Kuijer
Erzähl mir von Oma

Deutsch von Hans Georg Lenzen

Verlag Friedrich Oetinger, Hamburg

Einband und Illustrationen von Mance Post

© Verlag Friedrich Oetinger, Hamburg 1981
Alle Rechte für die deutschsprachige Ausgabe vorbehalten
© Guus Kuijer, Driehuizen 1978
Die holländische Originalausgabe erschien bei
Em. Querido's Uitgeverij B. V., Amsterdam, unter dem Titel
»Krassen in het tafelblad«
Gesamtherstellung: Mohndruck Graphische Betriebe GmbH, Gütersloh
Printed in Germany 1982
ISBN 3 7891 1523 1

Inhalt

Oma

Oma ist tot, aber Maslief braucht deshalb nicht zu weinen.

Als Oma noch lebte, wohnte sie weit weg. Maslief hat sie nur ein paarmal gesehen. Jetzt ist sie plötzlich tot. Was soll man dazu sagen?

»Findest du es schlimm?« fragt Maslief.

»Ich finde es schlimm für Opa«, sagt ihre Mutter. »Der ist jetzt so allein.«

»Mußt du denn nicht weinen?«

»Nein, jetzt nicht. Vielleicht heute nacht, wenn ich im Bett liege. Oder übermorgen, bei der Beerdigung. Ich weiß nicht. Vielleicht wein ich überhaupt nicht.«

»Find ich verrückt«, sagt Maslief. »Das ist doch deine Mutter!«

»Na und?« sagt ihre Mutter ärgerlich. »Ich werd doch wohl wissen, was ich tu? Ich weine nun mal nicht so schnell.«

Sie sind still. Fast so, als ob sie sich böse wären. Eine unangenehme Art von Stille, kaum auszuhalten.

»Wenn man tot ist, dann wird man ganz steif«, sagt Maslief.

»Da brauchst du nicht tot zu sein«, brummt ihre Mutter. »Oma war schon steif. Die konnte ja schon fast nicht mehr vom Stuhl hoch.«

»Oh«, sagt Maslief. Sie möchte eigentlich eine ganze Menge Fragen stellen. Warum sie nie zur Oma gegangen sind, zum Beispiel. Aber sie fragt nicht.

»Du hast schlechte Laune«, sagt sie.

»Ach ja?«

»Du solltest lieber 'n bißchen weinen.« Sie guckt in die Augen ihrer Mutter, aber die bleiben trocken.

»Weißt du«, sagt ihre Mutter, »deine Oma war alt und krank. Und alte Menschen sterben, so ist das nun mal, Und eh . . .« Sie unterbricht sich. Sie schaut nach draußen und schluckt. »Nun ja, ich hab sie nicht so besonders gern gehabt.«

Maslief sagt nichts. Sie ist sehr still geworden. Wie ist so was möglich, daß man seine eigene Mutter nicht gern hat!

»Lange nicht alle Kinder kommen gut mit ihren Eltern aus. Vor allem, wenn sie größer werden. Dann kriegen sie manchmal Streit, der nicht mehr gutzumachen ist. Ich hab versucht, meine Mutter gern zu haben, aber es ging nicht.«

»Und Opa?« fragt Maslief. »Kannste Opa auch nicht gern haben?«

»O ja, doch. Opa mag ich gern«, sagt ihre Mutter froh. »Aber Oma war natürlich immer bei ihm, und da konnte ich nicht gut mit ihm sprechen.«

»Dann biste sicher froh, daß sie tot ist«, sagt Maslief.

»Also nein, Maslief! Wie kommst du denn darauf?«
ruft ihre Mutter aus.
Maslief sieht sie erstaunt an. Das Gesicht ihrer Mutter
ist rot vor Schreck. Maslief versteht überhaupt nichts
mehr. Die Erwachsenen erschrecken immer so schnell.
Die machen sich noch ganz unglücklich damit.

Die Beerdigung

Es ist still bei Opa zu Hause. Es riecht nach Blumen
und nach Sonntagskleidern. Die Leute rühren traurig
in ihrem Kaffee.
Heute wird Oma beerdigt.
»Und das ist Maslief?« flüstert eine fremde Frau.
Maslief nickt verlegen.
»Was bist du groß geworden«, flüstert die Frau. Richtig, als ob sie erstaunt wäre. Wieso eigentlich – soll
man vielleicht kleiner werden?
Maslief guckt zu Opa hinüber. Der sieht gar nicht so
sehr alt aus. Er sagt fast nichts, aber ab und zu zwin-
kert er Maslief zu. Das ist gut, denn sie fühlt sich ein
bißchen seltsam. Sie weiß nicht so genau, was sie auf
einer Beerdigung soll. Sie kann die Tränen kaum mehr
zurückhalten.

Aha, endlich kommen die Beerdigungsautos. Jetzt
kann man wenigstens aufstehen und nach draußen gehen.

An der Wohnungstür steht ein Herr in einem sonder-
baren Anzug. Das ist wahrscheinlich der Chef von der
Beerdigung, denn er zeigt den Leuten, in welches Auto
sie einsteigen sollen. Maslief darf mit ihrer Mutter und

Opa in das erste Auto. Es ist ein ganz schönes, mit schwarzen Gardinen innen.

Dann fahren sie los. Ganz langsam hintereinander her, denn sonst verlieren sie sich, ist ja klar.

Das Friedhofstor steht offen. Die Autos brauchen nicht zu warten oder zu hupen, zum Beispiel. Das ist schon alles praktisch eingerichtet.

Auf dem Friedhof steigen sie aus und stellen sich auf. Sechs Beerdigungsmänner tragen den Sarg, wo Oma drinliegt. Man kann nicht sehen, daß sie drin ist. Man muß es glauben.

Sie schließen sich an und gehen hinterher.

Dann kommen sie an eine tiefe Grube. Da muß der Sarg hinein. Und das heißt dann Grab.

»Wie kommt die Grube dahin?« flüstert Maslief.

»Die ist gegraben«, flüstert ihre Mutter zurück, »von Männern.«

Der Sarg wird auf einer Art Gestell abgesetzt, über dem Grab. Maslief weiß nicht genau, wozu das Gestell dienen soll.

Sie schauen alle auf den Sarg. Sonst passiert nichts. Man hört die Vögel zwitschern.

»Warum sind denn nur so wenig Leute da?« fragt Maslief leise.

»Oma kannte nicht so viele«, antwortet ihre Mutter.

Maslief sieht sich um. Nach den Bäumen, nach dem Gras und den Blumen.

»Das soll bei dir aber anders sein«, flüstert sie. »Wenn du tot bist, dann ist hier alles rappelvoll, meinste nicht?«

»Ja, glaub ich auch.«

Es dauert lange, und es ist unangenehm still. Ein paar Leute weinen, aber Opa nicht.

Dann sinkt der Sarg langsam runter in das Grab. Das geht schön glatt, er wackelt fast gar nicht.

»Wie geht das?« flüstert Maslief aufgeregt.

»Wie ein Aufzug«, flüstert ihre Mutter.

»Ja, das ist fein«, brummt Opa, »daß sie hier 'nen Aufzug haben. Oma konnte keine Treppen leiden.«

Maslief nickt. Das versteht sie. Wenn jemand tot ist, dann muß man den natürlich so schön wie möglich begraben. Ohne Wackeln. Mit 'm Aufzug.

Opa

Opa wohnt bei Maslief. Das ist schön, denn Maslief hat Ferien und ihre Mutter nicht. Mit Opa zusammen ist es viel gemütlicher. Man kann zum Beispiel ganz prima mit ihm spielen. Wenn er verliert, wird er nur ein kleines bißchen böse.

»Opa?« fragt Maslief. »War die Oma eigentlich lieb?«

Opa seufzt. Er kratzt sich am Hals, und dann seufzt er noch mal. »Oma war ein guter Mensch«, sagt er dann.

Maslief guckt Opa an, so lange, bis er es merkt.

»Ein guter Mensch«, sagt er noch einmal. »Aber na ja, sie putzte sich die Seele aus dem Leib, weißt du.

Und zum Schluß war sie so steif wie 'n Ladestock.«

»Was ist das denn?« fragt Maslief.

»Ein Ladestock? Das ist so 'n Ding«, sagt Opa zerstreut. »So steif wie 'n Ladestock. Da mußte *ich* putzen, das wollte sie so. Den ganzen Tag. Auch wenn schönes Wetter war. ›Willem‹, rief sie dann, ›gehste auch mal über die Fußleisten?‹ Den ganzen Tag. ›Willem, ich seh noch Staub auf dem Kaminblech.‹ Na, ich bin ja auch nur 'n Mensch, verstehst du, Maslief? Ich wurde ganz schön müde dabei. Kannst du dir das vorstellen?

Dann wurde ich auch schon mal wütend, Mädchen. Das war nicht schön von mir. Denn Oma war ein guter Mensch, und 'n hübsches Mädchen war sie damals, mit so 'nem netten Hinterteilchen.

Sie hat auch gute Seiten gehabt, natürlich.

Aber dann hing mir die ganze Geschichte eines Tages zum Hals raus. Da hab ich auf einmal losgebrüllt: ›Der Staub liegt nicht auf dem Kamin – du hast den Staub im Kopf!‹

Ja, Mädchen, das tut Opa heute noch leid, daß er da so laut geworden ist. Denn deine Oma war ein guter Mensch. Und jetzt liegt sie unter die Erde.«

Opa schweigt. Er sieht mißmutig aus.

»Es heißt unter *der* Erde, Opa, nicht die«, verbessert Maslief. »Oma liegt unter *der* Erde.«

»Auch gut«, brummt Opa. »Aber dann, als sie mit dem Sarg kamen, da hab ich gut aufgepaßt, Maslief. ›Erst Staub wischen‹, hab ich gesagt. ›Auch in den Ecken.‹ Jaja, da haben die Herren ganz schön geguckt, aber ich laß mich doch nicht für dumm verkaufen mit 'nem staubigen Sarg! Und gerade bei die Oma. Die läßt sich nicht in den Staub legen!«

»*Der*«, flüstert Maslief. »Es heißt bei *der* Oma.«

»Auch gut«, brummt Opa. »Das war das letzte, was ich für ihr tun konnte, nicht wahr? Jetzt liegt sie da wenigstens sauber.«

Maslief seufzt. Dieser Opa! Sagt der doch *ihr* statt *sie*! Der lernt das auch nie! Sie schüttelt den Kopf. Was wollte sie noch fragen? Ach ja. »Opa«, fragt sie, »war Oma lieb?«

Opa schaut sie erstaunt an. Er seufzt tief. Er schaut aus dem Fenster. Es bleibt lange Zeit still, Opa schüttelt langsam den Kopf.

»Nee, Mädchen«, sagt er. »Lieb war sie nicht.«

»Oh«, sagt Maslief. »Spielste mit Mensch-ärgere-dich-nicht?«

»Natürlich, Mädchen«, sagt Opa. »Komm nur.«

Prima, so ein Opa im Haus.

Zu alt

Maslief ist früh wach. Sie geht leise nach unten. Als sie ins Zimmer geht, erschrickt sie. Denn da sitzt Opa, vor dem Fenster. Er starrt nach draußen.

Jungejunge, ist Opa früh auf. Es ist noch nicht mal sieben Uhr.

Maslief hustet leise, sie will Opa nicht erschrecken.

Jetzt schaut er sich um. »Hallo, Maslief«, sagt er.

»Hallo, Opa«, sagt Maslief. »Was machst du?«

»Ich guck raus«, erklärt Opa.

»Ja, das seh ich«, sagt Maslief. »Aber warum tust du das?«

»Ich konnte nicht schlafen«, sagt Opa.

»Überhaupt nicht?« fragt Maslief. »Die ganze Nacht nicht?«

»Ich weiß nicht«, sagt Opa. »Vielleicht hab ich doch mal ein bißchen geschlafen. Aber als ich aufstand, war es noch gar nicht richtig hell. Da hab ich mich hierher gesetzt.«

»Ich hab dich nicht gehört«, sagt Maslief. »Du hast dich bestimmt noch nicht gewaschen und die Zähne geputzt.«

»Nee – aber das tu ich sofort«, sagt Opa. »Ich meine, mich waschen. Und meine Zähne sind noch oben.«

Maslief guckt ihn verblüfft an.

Was sagt Opa da? Der ist doch wohl nicht verrückt geworden?

»Deine Zähne?« fragt sie vorsichtig. »Oben? Wo oben?«

»Oben, in meinem Zimmer«, sagt Opa. »In einem Glas. Hörst du denn nicht, daß ich meine Zähne nicht hab?«

Ja, das ist wahr. Opas Stimme klingt komisch, besonders, wenn er ein s spricht.

»Ah – jetzt weiß ich«, ruft Maslief aus. »Du hast'n falsches Gebiß! Laß mal sehen. Mach mal deinen Mund auf.«

»Nix«, sagt Opa. »Ich werd mich hüten!« Er kneift den Mund zusammen.

»Kannste nicht mal 'n bißchen?« fragt Maslief. »Ich lach dich auch nicht aus, bestimmt nicht.«

»Aber sicher. Aber sicher lachst du mich aus«, sagt Opa verlegen.

»Ich?« ruft Maslief. »Ich lach niemanden aus, wenn einer irgend so was hat.«

»Nett von dir«, sagt Opa, aber er hält den Mund fest geschlossen.

»Sicher haste früher nie die Zähne geputzt«, sagt Maslief.

»Wie kommst du denn darauf?« brummt Opa. »Ich hab sie geputzt. Wie verrückt hab ich sie geputzt. Das

ist ganz normal, verstehst du, ein falsches Gebiß in
meinem Alter.«

Maslief denkt nach. Ob Oma wohl auch ein falsches
Gebiß gehabt hat? Und ob sie es noch drin hat, oder
steht das jetzt irgendwo in einem Glas Wasser?

Sie traut sich nicht zu fragen, denn Erwachsene, na ja,
das weiß man – die erschrecken immer schnell.

»Warum konntest du denn nicht schlafen?« fragt sie.

»Ich war traurig«, antwortet Opa.

»Das hab ich mir gedacht«, sagt Maslief. »Haste geweint?«

»Ja.«

»Weil du allein warst?«

»Ja.«

»Weißt du, was du dann tun mußt? Dann mußte Licht machen. Und dann rufst du Mama.«

Opa schüttelt den Kopf. »Das ist lächerlich«, sagt er. »Dazu bin ich zu alt.«

Darauf weiß Maslief nichts mehr zu sagen. Opa hat recht. Wenn man alt ist, kann man nicht mehr nach der Mutter rufen. Nicht mal, wenn einem sterbensangst ist, mitten in der Nacht.

Sie schiebt einen Stuhl neben Opas Stuhl. Vors Fenster. Zusammen starren sie nach draußen, aber da ist nicht viel zu sehen.

Früher

»Eigentlich ist die Welt rund«, erzählt Maslief. »Wenn man immer nur geradeaus läuft, kommt man an denselben Platz zurück.«

»Ja«, nickt Opa. »Da hab ich auch schon von gehört.«

»Früher dachten die Menschen, die Welt wär platt. So daß man über den Rand runterfallen könnte. Verrückt, nicht?«

»Och«, sagt Opa.

»Die Menschen waren früher ganz dumm«, sagt Maslief zufrieden. »Besonders die Frauen.«

Opa sieht sie erstaunt an. »Frauen?« fragt er.

»Die haben einfach alles gemacht, was ihre Männer gesagt haben. Sagt Mama.«

»Oh.«

»Wußtest du das nicht?«

»Nee.« Opa schüttelt den Kopf. Er blickt grübelnd in die Ferne. »Das war sicher *ganz* früher«, sagt er. »Als die Erde noch platt war.«

»Ach, Opa«, seufzt Maslief. »Die Erde ist noch nie platt gewesen.« Sie betrachtet insgeheim sein Gesicht. Manchmal sieht man ganz plötzlich, daß er alt ist. Daß er fast nichts weiß. Aber da ist nichts zu machen. Altsein, das geht nie vorüber.

»Biste noch traurig?« fragt sie.

»Nee, Mädchen«, sagt Opa. »Du machst mich sogar richtig froh, weißt du das?«

»Wirklich wahr?«

»Wirklich wahr.«

Jungejunge, da freut sich Maslief. Oma ist doch erst gerade tot. Das muß man sich mal vorstellen.

»Weißte, was ich gut finde?« sagt sie seufzend. »Daß ich später nicht gehorsam werde.«

»Ja«, sagt Opa. »Das find ich auch gut.«

ich will später nicht gehorsam
werden. Maxlief

Rasieren

»Warum schmierst du dir denn Zahnpasta ins Gesicht?« fragt Maslief.

»Das ist keine Zahnpasta«, brummt Opa. »Das ist Rasierseife.«

»Seife? Aus 'ner Tube?«

»Mmmm.«

Maslief nimmt die Tube vom Waschbecken. Sie drückt darauf, so daß ein weißer Kringel Seife auf ihre Hand kommt. Sie schmiert sich die Seife auf Kinn und Wangen.

»He, Opa, warum schäumt das bei dir so?« fragt sie.

»Das kommt vom Rasierpinsel«, sagt Opa. »Hier. Gut einschmieren.« Er gibt Maslief den nassen Rasierpinsel.

Maslief fährt kräftig damit über ihr Gesicht. Die Schaumfetzen fliegen nur so.

»Hoho«, brummelt Opa. »Die Nase brauchst du aber nicht zu rasieren.«

Maslief stellt sich auf die Zehen, damit sie in den Spiegel sehen kann. Sie hat das ganze Gesicht voll Schaum. Nur die Augen blinken wie zwei Glaskugeln daraus hervor.

»Schön, daß du dich rasieren mußt«, sagt sie.

»Ja«, sagt Opa. »Sehr komisch.«

»Ich kann mich auch prima rasieren«, sagt Maslief. »Meine Augenbrauen zum Beispiel. Kann ich den Rasierapparat zwischendurch mal haben?«

»Deine Augenbrauen?« ruft Opa. »Kommt nicht in Frage. Deine Augenbrauen! Bist du denn total verrückt?« Er schabt mit dem Rasierapparat über sein Kinn.

»Pöh«, sagt Maslief. »Das weiß ich doch wohl selbst am besten, was ich mit meinem Gesicht mach!«

»Nix davon – hörst du?« sagt Opa. »Für so was bist du viel zu schön.«

Da ist Maslief für einen Augenblick still. »Schön?« fragt sie dann vorsichtig.

»Ja sicher«, sagt Opa. »Sieh mal, wenn du nun häßlich wärst, dann hätte ich gesagt, los, rasier dir ruhig die Augenbrauen ab. Hätte mir gar nichts ausgemacht.«

»Wirklich? Das hättste gesagt?«

»Ganz bestimmt.« Opa ist fertig mit Rasieren. Er spült den Rasierapparat ab.

»Aber sonst hast du ja eigentlich recht«, sagt er. »Mit deinem eigenen Gesicht kannst du machen, was du willst. Hier hast du den Rasierapparat. Man los.«

Maslief erschrickt. Sie guckt auf die blanke Klinge.

»Sieht aus wie 'ne kleine Harke«, sagt sie. »Aber der ist doch bestimmt ganz toll scharf, was, Opa?«

»Und ob! Die Augenbrauen gehen da glatt von ab.«

»Ich tu's wirklich, weißte«, sagt Maslief. Sie hält den Rasierapparat dicht vor ihr Gesicht.

»Es ist ja 'n Jammer«, sagt Opa. »Aber was soll ich machen? Du kannst über dein Gesicht selbst bestimmen.«

»Wird man denn da häßlich von, wenn man keine Augenbrauen mehr hat?« fragt Maslief.

»Das beste Gesicht ist das wahre«, sagt Opa.

»Aber ich *kann* es doch tun?«

»Mußt du selbst wissen, Mädchen.«

»Oh.« Maslief läßt den Rasierapparat sinken. »Ich tu's nicht«, sagt sie.

»Da fällt mir 'n Stein vom Herzen.«

»Ja, was?« sagt Maslief. »Jetzt freuste dich sicher?«

»Riesig«, sagt Opa.

Tante Annette

Am Nachmittag kommt Tante Annette zu Besuch. Jaja, Annette mit tte. Früher hieß Tante Annette ganz einfach Anna, aber das ist lange her. Tante Annette findet Annette viel vornehmer als Anna.

Sie ist die einzige Schwester von der Oma, die gestorben ist. Opa sagt manchmal aus Versehen Anna, und dann zieht Tante Annette ein saures Gesicht.

»Wie geht es denn jetzt mit ihm?« flüstert Tante Annette im Flur.

»Mit wem?« fragt Masliefs Mutter.

»Mit deinem Vater natürlich«, flüstert Tante Annette.

»Och, ganz gut eigentlich«, sagt Masliefs Mutter.

»Gut?« Tante Annette kneift nervös den Mund zusammen. »Das kann nicht sein«, sagt sie entschlossen. »Das sieht nur so aus. Was soll so 'n Mann alleine machen? Ohne Frau, wie? Das ist doch eine Katastrophe!« Sie schüttelt so heftig den Kopf, daß Maslief Angst hat, sie könnte einen Knoten in den Hals kriegen.

»Und dann noch so 'n Kind«, flüstert Tante Annette und nickt in Masliefs Richtung. »Das ist doch viel zu anstrengend für ihn.«

»Also komm, Tante Annette, du tust ja, als ob er todkrank wäre«, sagt Masliefs Mutter. »Kommst du mit rein?«

Das tut Tante Annette, aber ein Gesicht macht sie – als ob sie in eine Heftzwecke getreten wäre.

»Hallo, Anna«, sagt Opa. Er sieht nur mal eben von der Zeitung auf, dann liest er weiter.

Tante Annette gibt keine Antwort. Sie setzt sich hin und seufzt tief. »Wie geht's denn nun mit dir?« fragt sie mit zittriger Stimme.

»Gut«, brummt Opa. »Und mit dir?«

»Mir? Oh, eh, na ja, meine Beine, und mein Magen natürlich und eh, meine Hände. Aber sonst geht's gut«, stammelt Tante Annette. Sie rutscht unruhig auf dem Stuhl hin und her.

»Ich bin gestern bei Wilma gewesen, im Krankenhaus . . .«

»Wilma«, fragt Opa. »Wer ist das denn?«

»Wilma!!« ruft Tante Annette aus. »Deine Nichte aus Knekelveen! Na, die ist auch schlecht dran, weißt du. Das linke Bein ist ganz offen, verstehst du, aber tapfer ist sie, wirklich! ›Weine man nicht‹, sagte sie zu mir, ›da drüben liegt eine, die hat 'nen offenen Rücken. Es kann immer noch schlimmer kommen.‹ Das hat sie gesagt. So tapfer, wie die ist!«

Tante Annette kramt in ihrem Handtäschchen und zieht ein klitzekleines Taschentüchlein heraus. Damit tupft sie an ihren Augen herum. Maslief schaut still zu. Wenn Erwachsene Kummer haben, da kriegt man immer so 'n komisches Gefühl im Bauch.

»Und du, Willem«, stottert Tante Annette. »Was machst du denn jetzt in deinem großen Haus? So ganz allein?«

»Billard spielen«, brummt Opa. Er knistert ärgerlich mit seiner Zeitung.

»*Was* sagst du?« ruft Tante Annette. »Ich glaube, ich hör nicht recht.«

»BILLARD SPIELEN!« brüllt Opa. Er wirft seine Zeitung auf den Boden und geht mit großen Schritten zum Fenster. Da bleibt er stehen, mit dem Rücken zu Tante Annette.

Maslief hat einen Schrecken gekriegt. Au Backe, ist Opa wütend!

»Siehst du wohl«, flüstert Tante Annette Masliefs Mutter zu. »Das wird hier viel zu anstrengend für ihn, mit dem Kind um sich rum.«

Aber Opa hat es mitgekriegt. Er dreht sich mit einem Ruck herum.

»Jetzt hör mir mal gut zu, Anna«, sagt er. »Wenn Maslief nicht da wär, dann wär ich gerade so gern tot. Ist das deutlich?«

Es wird totenstill. Man hört nur, wie Tante Annette in ihr Taschentuch schluchzt.

»Gut«, sagt Tante Annette zittrig. »Ich wollte dir ja nur helfen, verstehst du? Du mußt es ja schließlich selbst wissen.«

»So ist es«, sagt Opa, und er verschwindet wieder hinter seiner Zeitung.

»So«, sagt Masliefs Mutter frisch. »Ein Täßchen Kaffee, Tante Annette?«

Tante Annette schüttelt mißmutig den Kopf.

»Mein Magen«, flüstert sie.

Maslief seufzt tief. Diese Tante Annette, die ist ja wirklich kümmerlich. Vielleicht die kümmerlichste Tante, die sie je gesehen hat. Die geht bestimmt bald tot.

Fahrradständer

»He, Tinchen, haste schon meinen Opa gesehen? Hier, das ist mein Opa, da sitzt er«, sagt Maslief.
»Tag, Opa«, sagt Tinchen.
Opa will gerade antworten, da schreit Maslief dazwischen. »Opa? Das ist doch nicht *dein* Opa!«
Tinchen wird rot. »Nee«, flüstert sie. »Ich meine, Tag Herr . . .«
»Tag, Tinchen«, sagt Opa.
»Tinchen ist meine beste Freundin«, sagt Maslief. »Aber früher, da hatte sie noch keine Brille.«
»So«, sagt Opa. »Dann hast du die Brille erst vor kurzem gekriegt, Tinchen?«
Tinchen guckt auf die Erde und nickt verlegen.

»Das ist aber 'ne schöne, wirklich«, sagt Opa. »Da kannst du sicher 'ne Menge mit sehen?«

»Alles«, sagt Tinchen.

»Na, ist doch klar«, sagt Maslief. »Robbie kommt übrigens auch, weißt du das?«

»Nee«, sagt Tinchen.

»Wer ist Robbie?« fragt Opa.

»Robbie ist mein bester Freund«, sagt Maslief. »Aber der ist ziemlich doof, weißte.«

»Oh«, sagt Opa. Und da läutet es.

Maslief rennt zur Tür, denn das muß Robbie sein. Als die Tür aufgeht, ist es einen Augenblick still im Flur. Opa und Tinchen horchen.

»Lieber Himmel, Robbie!« ruft Maslief. »Was ist denn mit deinem Mund?«

»Das ist so 'ne kleine Spange«, nuschelt Robbie.

»Was für 'n Apparat, Mann! Warum guckt das Ding so weit aus dem Mund raus?«

»Weiß ich?« brummt Robbie. »Das muß so, sagt der Doktor.«

Dann kommen sie rein.

»He, Tinchen«, schreit Maslief. »Den Robbie mußte mal sehen! Der hat so 'n Ding aus dem Mund raushängen, wie eine Fernsehantenne!«

»Jungejunge, Robbie, da mußte ja eigentlich ein rotes Fähnchen dranhängen«, sagt Tinchen. »Wofür ist das denn?«

»Das ist 'ne neue Art Spange«, sagt Robbie unglücklich. »Die drückt die Zähne nach hinten.«

»So was hab ich noch nie gesehen«, sagt Maslief kopfschüttelnd. »Du, Tinchen? Das Ding sieht aus wie ein Trockengestell.«

»Ist ja praktisch für seine Mutter«, sagt Tinchen. »Da kann sie die Wäsche dran aufhängen.«

»Guck du dir lieber deine doofe Brille an«, schnauzt Robbie.

»Meine Brille?« fragt Tinchen. »Was ist mit meiner Brille?«

Robbie stellt sich dicht vor sie hin, die Arme über dem Bauch verschränkt. »Die blöden weißen Ränder«, sagt er. »Sehen aus wie Klo-Brillen.«

Er nickt zufrieden. Das hat er ihr schön gegeben.

Tinchen wird knallrot. »Du machst dich lustig über meine Brille!« schreit sie. »Das tut man nicht! Man macht sich nicht darüber lustig, wie jemand aussieht, weißte das?«

»Nee, du Scheelkopp«, sagt Robbie ruhig. »Das hab ich nicht gewußt!«

»Scheelkopp!« kreischt Tinchen wütend. »Jetzt sagt der auch noch, ich schiele! Ich schiel aber nicht! Hier, ich setz die Brille ab. Guck doch, guck doch! Schiel ich vielleicht?«

»Nee, Robbie«, sagt Maslief. »Tinchen schielt nicht, wirklich nicht.«

»Aber sie hat braune Mistaugen, jawohl«, sagt Robbie.

»Mistaugen?« brüllt Tinchen außer Atem. »Ach ja? Dann hast du blaue Schellfischaugen, daß du das nur weißt!«

»Und du 'ne Clowns-Nase.«

»Und du hast so 'ne idiotische, lächerliche Spange, weil du nämlich keine Zähne hast, sondern 'nen Fahrradständer. So!«

»BASTA!« ruft Opa plötzlich.

Sie sind alle drei erschrocken. Opa hatten sie schon ganz vergessen. Es wird entsetzlich still.

»Himmel noch mal«, brummt Opa. »Was für 'n Geschimpfe! Ihr denkt wohl, ich kann nicht böse werden, was? Na, ich bin ganz schrecklich böse, versteht ihr! Ich will nichts mehr hören. Und ihr werdet jetzt ganz still und friedlich miteinander spielen, verstanden?«

Ja, sicher, das haben sie begriffen. Sie schlüpfen alle drei raus auf den Flur und wollen hinauf in Masliefs Zimmer. Aber da geht die Haustür auf. Masliefs Mutter kommt nach Hause. Sie starrt erstaunt in Robbies Gesicht. »Aber Robbie, was ist denn mit deinem Mund?« ruft sie.

Das ist zuviel für Robbie. Er bricht in Tränen aus. »Das ist 'ne Spange«, schluchzt er. »Für meinen Fahrradständer.«

Opas Plan

»Bleibt Opa für immer bei uns, Mama?« fragt Maslief.

Ihre Mutter sitzt am Tisch und schreibt. Aber jetzt sieht sie von ihrer Arbeit auf. »Opa bleibt, solange er will«, sagt sie.

Opa sagt nichts. Er liest ein Buch, aus dem Bücherschrank.

»Opa will bestimmt nie mehr weg«, sagt Maslief. »Da sind noch genug Bücher.«

Opa klappt mit einem Ruck das Buch zu. Er streicht mit der Hand über sein Kinn. »Vielleicht laß ich mir 'nen Bart stehen«, sagt er.

Maslief guckt ihn verwundert an. Manchmal kann man einfach nicht begreifen, warum Opa so was sagt.

»Mach das man, Pa«, ruft Masliefs Mutter. »Steht dir bestimmt gut.«

»Ein Bart, der kitzelt«, sagt Maslief. »Und dann rufen die Kinder hinter dir her: Nikolaus, Nikolaus.«

»Tatsächlich?« fragt Opa besorgt. »So lang laß ich ihn ja nicht wachsen, weißt du.«

»Wie lang denn?« fragt Maslief. »Bis auf die Knie?«

»Also nee«, sagt Opa. »Bis hierher ungefähr.« Er zeigt mit der Hand knapp unters Kinn. »Kann ich schon gleich mit anfangen, wenn ich wieder zu Hause bin.«

»Zu Hause?« ruft Maslief. »Du gehst doch nicht mehr nach Hause. Du bleibst doch hier?«

»Nee, Mädchen«, sagt Opa zerstreut. »Ich will hier nicht mit den Stoppeln rumlaufen. Das sieht im Anfang nicht besonders gut aus.«

Maslief ist eine Weile still. Sie versteht nicht so richtig.

»Ich hab gedacht«, sagt sie vorsichtig, »ich dachte, du findest es zu Hause nicht mehr so schön.«

Opa denkt nach. »Ich werd mich dran gewöhnen müssen«, sagt er. »Wird ja ziemlich leer sein, ohne Oma.«

Er sieht Maslief nicht mehr an. Als ob er verlegen

wäre. »Aber die Apfelbäume stehen noch. Und die Birnbäume. Die hat mein Vater gepflanzt, als ich noch ein kleiner Junge war. Da bin ich zu Hause.«

»Ach ja«, seufzt Masliefs Mutter. »Was haben wir schön gespielt im Garten!«

Sie sieht Opa an, und Opa sieht Masliefs Mutter an. Es sieht fast so aus, als hätten sie Maslief ganz vergessen, so lange bleibt es still. Schön ist das nicht.

»Ich hab einen Plan«, sagt Opa. »Komm doch mal mit zu *mir*. Du kannst in der nächsten Woche bei mir wohnen.«

»Das mußt du machen, Maslief«, sagt ihre Mutter begeistert. »Du hast doch Ferien.«

Maslief nickt. Sie findet es prima. Aber auch ein bißchen schwierig. Was soll sie machen, wenn Opa traurig wird in dem leeren Haus?

»Du *mußt* ja nicht«, sagt Opa.

»Doch«, sagt Maslief. »Ich möchte gern.«

Forschungsreisender

»Früher, da pfiffen die Züge«, erzählt Opa auf dem Bahnhof. »Und da kam eine Menge Dampf raus. Das waren schöne Zeiten, Maslief.«

»Oh«, sagt Maslief.

»Damals, als Oma und ich gerade geheiratet hatten, fuhren wir mit dem Zug nach Brüssel. Das liegt in Belgien, Mädchen. Das vergißt ein Mensch nicht so schnell, so eine lange Reise.«

»Nee«, sagt Maslief.

»Also wirklich«, sagt Opa. Er schüttelt den Kopf und lächelt. »Sie war so hübsch«, murmelt er. »Und sie wollte alles sehen. Die ganze Stadt, kreuz und quer. Meinetwegen wär das nicht nötig gewesen, aber ich fand es schön. Sie strahlte, den ganzen Tag lang. Und wenn sie fröhlich war, dann war ich's auch. So ist das, wenn man jemanden lieb hat.«

»Ja«, sagt Maslief.

»Jaja«, sagt Opa. »Das waren schöne Zeiten. Ich bin nie wieder in Brüssel gewesen seitdem.«

»He, Alter, kannste nicht aufpassen!« ruft jemand hinter ihnen. »Ich schrei mir hier noch die Seele aus dem Hals!«

Opa und Maslief sehen sich erschrocken um.

Da steht ein Mann mit einer Mütze auf dem roten Kopf. Er steuert eine Art kleinen Lastwagen mit Koffern drauf.

Er will vorbei, aber das geht nicht. Opa und Maslief treten schnell zur Seite.

Der Mann fährt wütend weiter.

»Alter«, murmelt Opa. »Der soll sich mal selbst ansehen. Mit seinen grauen Haaren.«

Maslief schämt sich. Daß es solche Kerle gibt! Die ihren Opa einfach mit Alter anreden. Sie traut sich nicht,
ihn anzusehen. Was soll sie sagen?

»Hast du Oma denn damals lieb gefunden?« fragt sie.

»Was?«

»Damals, in Brüssel, hast du Oma da lieb gefunden?«

Opa seufzt. »Lieb, lieb«, sagt er. »Das ist nicht das
richtige Wort, glaub ich. Weißt du, wenn wir zwanzig
Kilometer gelaufen waren, dann wollte sie noch mal
zwanzig Kilometer. Und ich, ach, ich war mehr von
der ruhigeren Sorte. Morgen ist auch noch ein Tag,
und so.«

Maslief denkt nach.

Sie sieht Oma vor sich. Immer vorneweg, und Opa
trabt hinterher. Ein komisches Bild. Fast muß sie darüber lachen.

»Nur, das Manneke Pis, das wollte sie nicht sehen«,
erzählt Opa. »Da hatte sie nichts für übrig. ›Das ist
bloß was für Touristen‹, sagte sie. *Sie* war kein Tou-
rist, das stimmte schon. Mehr so eine Art Forschungsreisender.«

Maslief nickt. Das hört sich gut an: Forschungsreisender.

Ihre Oma war ein Forschungsreisender. Sie sieht zu

Opa hinüber, ob der noch mehr erzählen will. Aber nein, er nimmt den Koffer auf.

»Komm«, sagt er. »Wir müssen auf den Bahnsteig.«

Fränzchen

Opa und Maslief finden einen guten Platz im Zug. Maslief am Fenster und Opa gegenüber, auch am Fenster.

»Jetzt fährst du aber rückwärts, glaub ich«, sagt Maslief.

»Macht nix«, sagt Opa. »So kommt man auch hin.«

Das Abteil ist fast voll, da kommt eine Frau herein. Sie hat einen Jungen bei sich. Er ist ungefähr so alt wie Maslief.

Die Frau setzt sich neben Maslief. Der Junge neben Opa. Er guckt unzufrieden in die Runde.

»Ich will aber ans Fenster«, quengelt er.

»Das geht nicht, Fränzchen«, sagt die Frau. »Da sitzt doch der Herr.«

Fränzchen guckt Opa an. Opa schaut freundlich zurück. »Tag, junger Mann«, sagt er.

Fränzchen sagt nichts. Er macht ein mißmutiges Gesicht.

»Du hast gesagt, ich kann am Fenster sitzen«, nörgelt er weiter.

Die Frau seufzt. »Du siehst doch, daß da keine Plätze mehr frei sind!« sagt sie nervös.

»Aber der Mann, der kann doch da weg?« Fränzchen zeigt auf Opa.

»Fränzchen!« ruft die Frau. Sie hat auf einmal rote Flecken im Gesicht.

Maslief beißt sich auf die Lippen. So 'n Quengelfritze! Sie möchte ihn am liebsten von der Bank schubsen.

»O ja«, sagt Opa ruhig. »Ich kann schon weg, aber ich

tu's nicht. Ich sitz hier gut. Schön am Fenster.« Er nickt Fränzchen freundlich zu.

»Hahaha«, lacht Maslief. Der Opa! Der kann das gut, was?

Fränzchen guckt sie giftig an. »Dumme Trine«, sagt er.

»Was sagst du?« fragt Maslief.

»Fränzchen, halt den Mund«, sagt die Frau.

»Dumme Trine«, sagt Fränzchen noch einmal.

»Willste Senge?« fragt Maslief.

»Gute Frage«, sagt Opa.

Fränzchen sieht ein bißchen blaß aus. Sein Mund ist nur noch ein dünner Strich.

»Mama, die Trine will mich verhauen«, sagt er.

»Fränzchen!« stöhnt seine Mutter.

»Ach«, sagt Opa, und seine Stimme klingt mitleidig. »Sind Sie die Mutter?«

Die Frau guckt Opa verlegen an. »Ja«, sagt sie. »Die sind schon lästig in dem Alter, nicht wahr?«

»Wenn ich nicht ans Fenster darf, dann stell ich mich auf die Bank!« schreit Fränzchen plötzlich.

Seine Mutter schließt erschöpft die Augen. Sie sagt gar nichts mehr.

»Mach's doch!« sagt Opa.

»Was denn?« fragt Fränzchen verblüfft.

»Dich auf die Bank stellen.«

Fränzchen guckt Opa mißtrauisch an. »Mama«, sagt er dann quengelig. »Der Mann sagt, ich soll mich auf die Bank stellen.«

»Untersteh dich!« herrscht die Mutter ihn an.

»Du kannst dich auch auf den Kopf stellen«, sagt Opa.

»Oder auf die Hände«, kichert Maslief.

Fränzchen guckt unruhig von Opa zu Maslief und zurück.

»Mama«, plärrt er dann. »Der Mann und die Trine, die wollen mich ärgern.«

Opa und Maslief sehen sich an. Dann lachen sie laut.

»Oh, oh, oh«, stöhnt Opa. »Kinder sind doch was Niedliches!«

»Hihihi«, kichert Maslief. »Und besonders die Fränzchen!«

Fränzchen schluckt nervös. Seine Mutter guckt blaß in die andere Ecke.

Nachbarin

Sie sind schon dicht bei Opas Haus. Hinter der Wegbiegung können sie es schon ein bißchen sehen. Ein bißchen, denn es ist ganz eingepackt von Bäumen und

Sträuchern. Opa bleibt stehen. Er drückt Masliefs Hand. Tut fast ein bißchen weh.

»Ich hab Angst, Maslief«, sagt er. »Jetzt muß ich mich richtig zusammenreißen.«

»Ja«, sagt Maslief. Sie versteht das gut. Neununddreißig Jahre hat Opa da mit Oma gewohnt. Und jetzt ist Oma auf einmal nicht mehr da. Maslief möchte am liebsten sagen: Ich helf dir doch. Aber das klingt so vorwitzig. Sie weiß ja nicht mal, ob sie das kann. Helfen.

»Es steht ja eigentlich ganz schön da, was?« sagt Opa. »Mit all den Bäumen.«

»Ja«, sagt Maslief. »Gehn wir weiter?«

»Ja, Mädchen«, murmelt Opa. »Machen wir.«

Opa geht weiter, mit kleinen Schritten. Sie kommen nicht besonders schnell voran.

»Da steht jemand und putzt die Fenster«, sagt Maslief.

Opa bleibt stehen. Er ist erschrocken. Er faßt Masliefs Hand so fest, daß es weh tut. Aber sie sagt keinen Ton.

»Ach, wie nett«, sagt Opa dann. Er seufzt. Seine Hand drückt nicht mehr so fest. »Das ist die Nachbarin«, sagt er. »Ich hab ihr den Schlüssel gegeben. Und jetzt putzt sie die Fenster für mich. Was gibt es doch für freundliche Menschen.« Er schüttelt den Kopf und geht weiter. Jetzt geht es schnell. Da sind sie schon.

»Guten Tag, Nachbarin«, grüßt Opa.

»Hui, Mann – was hast du mich erschreckt!« ruft die Nachbarin. Sie läßt das Fensterleder in den Eimer platschen. »Ach, du hast deine Enkeltochter mitgebracht!« Sie reibt sich die Hände an der Schürze trokken.

»Jaja«, murmelt Opa. »Und vielen Dank auch.«

»Ach, Willem, ist doch selbstverständlich«, sagt die Nachbarin. »Maslief heißt du, nicht?« sagt sie. »Das ist doch mal ein schöner Name, find ich. Was, Willem?«

»Jaja«, sagt Opa.

Die Nachbarin sieht Maslief noch mal richtig an. Sie hat Tränen in den Augen. Oder sind es Wassertropfen vom Fensterputzen?

»Paß nur gut auf, auf deinen Opa«, sagt sie schnell.

Maslief gibt keine Antwort, sie findet das alles ein biß-chen verrückt. Die Nachbarin nimmt den Eimer.

»Also, bis nachher«, sagt sie. »Komm gleich Kaffee trinken, ja?« Dann geht sie.

»Ist gut«, sagt Opa.

Sie gehen ins Haus. Erst Opa, dann Maslief.

Es ist still in dem dunklen Flur, und es riecht nach Bohnerwachs. Am Kleiderhaken hängt eine dunkle Jacke. Und man kann nicht sehen, was unter dem dunklen Tisch hockt.

»Ich möcht in den Garten«, stammelt Maslief. »Den Garten sehen.«

Opa hat die Klinke der Zimmertür schon in der Hand, aber er läßt sie schnell wieder los.

»Gute Idee, Mädchen«, sagt er. »Erst in den Garten. Komm, wir gehen durch die Küche.«

Er öffnet die Küchentür, und das Sonnenlicht fällt blendend in Masliefs Augen. Sie schauen zusammen durchs Küchenfenster hinaus auf die hohen Bäume und auf Hunderte von Blumen.

»Hast du noch Angst?« fragt Maslief.

»Ich?« fragt Opa. »Ich hab niemals Angst. Erwachsene dürfen keine Angst haben.«

»Aber vorhin hast du doch gesagt . . .« stottert Maslief.

»Ich? Hab ich gesagt, daß ich Angst hab? Also wirklich, du kannst ja phantasieren, sag mal.«

Maslief schaut ihn an. »Du machst dich über mich lustig«, sagt sie ruhig.

Da muß Opa drüber nachdenken. Lange. »Es tut mir leid«, sagt er. »Ich tu's nicht wieder.«

Dann gehen sie in den Garten hinaus.

Das Gartenhäuschen

Unter einem dicken Baum bleiben sie stehen. »Das ist der älteste«, erzählt Opa. »Der war schon groß, als ich noch ein kleiner Junge war.«

Maslief sieht nach oben. Die Zweige und Blätter sehen aus wie ein großer Schirm mit Löchern. »Da hängen ja Pflaumen dran«, sagt sie.

»Das sind Äpfel«, sagt Opa. »Aber die sind noch nicht reif.«

Er sieht sich um. »Fast alle anderen Bäume hat mein Vater gepflanzt«, sagt er.

Die Bäume sind alle groß. Maslief kann keinen Unterschied sehen.

»Wenn du hier geboren bist und du kennst jeden einzelnen Baum, dann fällt es dir schwer wegzugehen«, sagt Opa.

»Das brauchste doch auch nicht«, sagt Maslief. »Du kannst doch hierbleiben, wie immer?«

»Jaja«, sagt Opa. Man kann sehen, daß er etwas Wichtiges erzählen will.

»Deine Oma«, fängt er an, »deine Oma, die wollte lieber in der Stadt wohnen. Sie wollte viel lernen und viel sehen, verstehst du? Aber ich war jung, und ich hab das nicht verstanden. Ich hab gesagt: ›Wozu willst du lernen? Wir sind verheiratet, wir haben ein Haus, und ich hab Arbeit.‹ Das hab ich gesagt. Ich hab's einfach nicht verstanden.«

»Was nicht verstanden?« fragt Maslief.

»Daß es nicht gut für sie war, in einem Dorf zu wohnen und zu Hause zu sitzen. Mußt du dir mal vorstellen: ein Forschungsreisender, der immer zu Hause bleiben muß!«

Maslief nickt. Das ist sicher nichts für einen Forschungsreisenden. Der gehört an den Nordpol oder nach Brüssel, aber nicht ins Haus. Opa schüttelt wieder den Kopf. »Ich hab auch noch Witze darüber gemacht. Ich hab gesagt: Wir machen aus dem Garten einen Urwald, dann brauchen wir nicht nach Afrika. Da mußte sie lachen. Sie mußte oft lachen, weißt du. Früher! Und dann haben wir uns hier eingerichtet.«

»Warum?« fragt Maslief. »Sie wollte doch nicht?«

»Weil sie mich lieb hatte«, sagt Opa. »Verstehst du?«

Er nimmt Maslief bei der Hand und zieht sie mit sich. »Ich will dir mal was Schönes zeigen.«

Er geht mit ihr in eine entfernte Ecke des Gartens. Da steht das Gras kniehoch. Wilde Rosensträucher zerkratzen mit ihren Dornen die Haut.

»Guck mal«, sagt Opa. Er hockt sich nieder und zeigt durch die Sträucher.

»Da steht ja 'n Häuschen«, flüstert Maslief.

»Genau«, sagt Opa. »Das hab ich gebaut, für Oma. Sollen wir mal reingehen?«

Maslief nickt. Es ist wohl geheimnisvoll, aber nicht unheimlich. Sie drängen sich durch das Rosengebüsch bis an eine kleine morsche Tür.

»Jetzt ist es alt und verfallen«, brummt Opa. »Es ist nicht benutzt worden in den letzten dreißig Jahren, aber es war wirklich schön, weißt du. Komm.«

Er drückt die kleine Tür auf. Der Raum drinnen ist nicht groß und ziemlich dunkel. Er hat drei Fenster, aber die sind grau vom Staub. Und dicht bewachsen von außen. Hunderte von Mücken summen, und die Wände sind grau von Spinnweben.

Maslief wird ganz still.

Dann sieht sie die Bretter an der Wand. Sie stehen voll
mit alten Büchern. Unter einer dicken Staubschicht
und krumm und schief von der Feuchtigkeit.

»Wir waren ein paar Jahre verheiratet«, erzählt Opa.

»Deine Mutter war schon geboren und dein Onkel Wimm auch. Es wurde ziemlich eng bei uns. Oma sagte zu mir: ›Ich wollte, ich hätt irgendwo ein Eckchen für mich allein.‹ Das hat sie gesagt. Und ich hab das überhaupt nicht verstanden. Ich dachte: Eine Mutter ist doch sicher am liebsten bei ihren Kindern. Aber sie sagte es immer wieder, ganz oft. Und da dachte ich, na schön, ich versteh's zwar nicht, aber soll sie ihr Eckchen haben. Und da hab ich ihr dies Gartenhäuschen gebaut. Zum Geburtstag.« Opa lächelt.

»Hat sie sich gefreut?« fragt Maslief.

»Gefreut?« Opa sieht sie an. »Gefreut? Sie war total durcheinander, wie verrückt! Was hab ich da für 'n Kuß von ihr gekriegt! Nee wirklich . . .«

Opa schweigt. Er schaut auf die Bücher.

»Dann hat sie sich hier hingesetzt und gelesen«, murmelt er. »Ganz allein. Ich bin nie hierher gekommen. Nee, es sollte doch ganz für sie allein sein.«

»So was möchte ich auch gern haben«, sagt Maslief.

»Jaja«, murmelt Opa. Es ist, als hätte er nichts gehört. Aber dann guckt er Maslief plötzlich fröhlich an.

»Weißt du was?« fragt er. »Von jetzt ab soll es dir gehören.«

»Mir?« ruft Maslief aus.

»Dir«, sagt Opa. »Dir ganz allein. Morgen kommen wir her und machen es sauber. Gut?«

Maslief nickt froh. Sie weiß nicht, was sie sagen soll. Ein Gartenhäuschen ganz für sie allein – das muß man sich vorstellen!

»Komm«, sagt Opa. »Wir gehen nach Hause.«

Alles wird schlechter, alles wird weniger

Opa und Maslief sitzen eine Zeitlang im Zimmer, aber das ist nicht schön. Es ist still und dunkel. Omas Sessel ist so schrecklich leer.

»Komm«, sagt Opa. »Wir sollen doch Kaffee trinken, bei der Nachbarin.«

Das Haus der Nachbarin steht ein Stückchen weiter weg. Es ist ein kleiner Spaziergang bis dahin.

»Der Nachbar ist ein Nörgelpeter«, sagt Opa unterwegs. »Da mußt du dir nichts draus machen.«

»Nee«, sagt Maslief.

»Oma wollte nie hingehen«, erzählt Opa. »Das war schade, denn die Nachbarin ist 'ne fröhliche Person. Aber der Mann – ja natürlich . . .«

Sie sind da. Hinter dem niedrigen Zaun liegt der Garten: ein ebener Grasteppich mit einem Plattenweg. Die Blumen stehen wie Soldaten am Rand entlang. Sie gehen um das Haus herum und an der Rückseite hinein. Da ist die Küche. Die Nachbarin hat den Kaffee schon fast fertig. Am Tisch sitzt zusammengesunken ein Mann.

»Hallo, Willem«, sagt die Nachbarin fröhlich. »Nimm Platz, und du auch, Maslief.«

Das tun sie.

Der Mann schaut auf. »Maslief?« brummt er. »Hab ich noch nie gehört.«

»Aber natürlich«, sagt die Nachbarin ärgerlich. »Das ist doch Willems Enkelin.«

»Ich weiß überhaupt nichts mehr«, entgegnet der Mann. »Mir erzählt ja auch keiner mehr was. Das war früher anders. Es wird alles immer schlechter, was meinst du, Willem?«

»Och«, sagt Opa.

»Früher, da gab's noch einen richtigen Sommer«, seufzt der Nachbar.

»Ja, da regnete es auch noch Limonade«, schnauft die Nachbarin. »Limonade mit Strohhalmen drin.«

»Und es schneite Schlagsahne mit Hagelzucker«, sagt Opa.

»Jaja, macht euch nur über mich lustig«, mault der Nachbar. »Bin ich gewohnt. 'n vernünftigen Winter gibt's übrigens auch nicht mehr. Alles wird schlechter, alles wird weniger.«

»Jetzt halt aber mal den Schnabel, du Sauertopf!« ruft

die Nachbarin. »Das Gemeckere, wo das Kind dabei ist!«

»Kinder!« grollt der Nachbar. »Die werden auch immer schlechter!«

»Ach was!« sagt Opa.

»Vielleicht nicht? Dein feiner Herr Sohn zum Beispiel? Wie heißt er doch, Wimm? Wo treibt der sich denn rum? Von dem hört man doch überhaupt nichts mehr!«

»Der sitzt in Kanada«, sagt Opa seufzend. »Der hat viel zu tun.«

»Ruhe jetzt!« ruft die Nachbarin. »Hier. Dein Kaffee.« Sie knallt die Kaffeetasse vor dem Mann auf den Tisch, daß der Kaffee über den Rand schwappt.

Es wird unangenehm still. Der Nachbar macht ein Gesicht, als ob er sowieso immer recht hätte. Die Nachbarsfrau hat einen knallroten Kopf, und Opa starrt nach draußen.

Der Kaffee ist miserabel, aber Maslief trinkt ihn tapfer aus.

»Der bringt einen wieder auf die Beine«, sagt Opa, als er die leere Tasse absetzt.

»Willste noch einen?« fragt die Nachbarin.

Aber Opa steht zum Glück auf. »Wir haben Masliefs Koffer noch nicht ausgepackt«, sagt er.

Die Nachbarin nickt.

Sie bringt Opa und Maslief zur Tür und gibt ihnen noch ein Päckchen Kuchen mit.

Dann gehen sie.

»Die sind doch sicher nicht verheiratet?« fragt Maslief auf der Straße.

»Aber sicher«, sagt Opa. »Natürlich.«

»Warum?« fragt Maslief.

Opa bleibt stehen. »Warum? Was warum?«

»Warum sind sie verheiratet?«

»Weil sie – weil sie – eh . . .« stammelt Opa. »Mädchen, Mädchen, du fragst mir noch die Ohren vom Kopf.«

»Die sollten sich besser scheiden lassen«, sagt Maslief. »Die haben sich ja überhaupt nicht lieb.«

»Kannst du nie wissen«, sagt Opa.

»Aber das kannste doch hören. Die Nachbarsfrau sollte lieber mit dir zusammen wohnen.«

Opa guckt sie erschrocken an. »Das – das, eh – wär bestimmt ganz nett«, stottert er. »Aber dann ist doch ihr Mann allein!«

»Geschieht ihm ganz recht«, sagt Maslief zufrieden.

Und da sagt Opa nichts mehr dagegen.

Ein fröhliches altes Frauchen

»He, Opa, alles wird schlechter und alles wird weniger«, ruft Maslief bei Tisch. »Die Kartoffeln werden weniger und das Gemüse auch. Alles wird weniger.«
»Dann mußt du nicht so schnell essen«, sagt Opa.
»Dein Haar wird auch weniger«, sagt Maslief.
»Jaja«, brummt Opa. »Aber meine Augen werden nicht schlechter. Ich seh noch genau, wenn du mit vollem Mund sprichst.«
»Na und?« fragt Maslief.
Opa seufzt. »Mit der Höflichkeit, das wird auch immer schlechter«, sagt er düster.
»Fertig!« ruft Maslief. Sie schiebt den leeren Teller von sich weg und rutscht von ihrem Stuhl. »Jetzt mach ich ein Theaterstück. Ich muß Maslief sein, aber in ganz alt. Und du – eh – du mußt mein Mann sein, ja?«
»Na gut«, sagt Opa.
»Aber du mußt so'n Nörgelpeter sein, weißte, so'n richtiger Meckerfritze.«
»Gut«, sagt Opa. »Machen wir.«
Maslief läuft in den Flur und kommt zurück mit einem Spazierstock. Sie geht ganz langsam, stap, tik – stap, tik – und ist so krumm wie ein Flitzbogen. Ach, was ist Maslief für 'n altes gebrechliches Frauchen!
»So«, sagt sie mit zittriger Stimme. »Jetzt werden wir

mal richtig Quatsch machen. Was meinst du, Willem?«

»Quatsch?« brummt Opa. »Du in deinem Alter? Daß ich nicht lache!«

Maslief hebt drohend den Stock in die Höhe. »Willste eins drüber haben?« fragt sie. »Du sollst lachen, deshalb gehen wir ja zum Spielplatz.«

»Ach nee, was willst *du* denn auf dem Spielplatz?« sagt Opa und grinst tückisch. »Du willst dir wohl alle Gräten brechen?«

»Paß du nur auf!« ruft Maslief. Sie hebt ihren Stock hoch in die Luft. »Mit deinen ewigen Nörgeleien! Ich will auf die Schaukel.«

Jetzt lacht Opa laut. Man kann nicht sehen, ob er nur so tut oder ob er wirklich lachen muß. »Du solltest dich mal untersuchen lassen!« ruft er. »Bist du noch richtig im Kopf? Auf die Schaukel! Die Kinder werden dich auslachen. ›Alte Hexe‹ werden sie hinter dir her rufen.«

Maslief richtet sich auf. Sie ist überhaupt nicht mehr alt und krumm. »Das ist nicht wahr!« schreit sie wütend. »Das hab ich noch nie getan!«

»Was nicht?« fragt Opa verblüfft.

»Zu jemandem ›alte Hexe‹ gesagt.«

»Wir haben doch nur gespielt«, sagt Opa. »Ich sollte doch den Nörgelpeter machen.«

Maslief muß nachdenken. Opa hat recht, natürlich. Wenn er den Nörgelpeter macht, muß er ja anders reden als sonst. Da kann er nichts dafür. Sie bückt sich schnell wieder und stützt sich auf den Stock.

»Gut«, sagt sie mit ihrer alten Stimme. »Du bist der Nörgelpeter. Aber wenn du so was sagst, hau ich dich mit meinem Stock auf den Kopf.«

»Mmm«, sagt Opa. Er hält den Mund fest geschlossen.

Eine Frikadelle

»Ich trink Milch, du auch?« fragt Opa am nächsten Morgen.

»Bah«, sagt Maslief. »Huh, Milch – bah, nee!«

»Meinst du das wirklich?« fragt Opa. »Milch ist aber sehr gut für dich, eh – wie heißt es: ›Milch muß sein‹.«

»Mir kannste schwarzen Kaffee geben«, sagt Maslief. »Mit viel Zucker.«

Da blickt Opa auf. »Kaffee? Hör mal, der ist nicht gut für Kinder.«

»Bei Mama darf ich das«, sagt Maslief.

»Jaja«, murmelt Opa zerstreut. »Andere Zeiten, andere Sitten.«

»Was?«

»Laß man«, sagt Opa. »Aber ich hab noch keinen Kaffee. Willst du was anderes?«

»Dann gib mir 'ne Cola«, sagt Maslief.

Vor Schreck setzt Opa die Milchflasche mit einem Knall auf den Tisch. »Ach Mädchen, was ist denn das wieder! Cola? Zum Frühstück?«

»Das ist lecker, weißte«, erzählt Maslief. »Mußte mal probieren.«

Opa schüttelt den Kopf. »Wie ist denn so was möglich! Ich hab nie Cola im Haus – so'n klebriges Dreckszeug!«

»Dreckszeug!« ruft Maslief aus. »Milch, das ist Dreckszeug. Mit Haut drauf – brrr.«

»Also wenn du mich fragst – du hast 'nen Tick«, sagt Opa. »Cola zum Frühstück!«

»Ich könnt ja auch ein Bierchen trinken«, sagt Maslief. Sie guckt ganz unschuldig unter den Tisch, nach ihren Füßen.

»MASLIEF!« ruft Opa wütend. »Bist du verrückt geworden?«

»Nee, überhaupt nicht«, sagt Maslief.

Opa seufzt und setzt sich hin. »Nimm dir ein Butterbrot«, brummt er.

Aber Maslief streckt die Hand nicht aus. »Ich hab keine Lust auf Brot«, sagt sie.

»Sooo«, sagt Opa langsam. Er versucht, geduldig zu bleiben. »Was ißt du denn morgens?«

»Pommes«, sagt Maslief. »Pommes mit Mayonnaise.«

»POMMES?« brüllt Opa. Er schlägt mit der Hand auf den Tisch. Die Teller klirren.

»Manchmal auch 'ne Frikadelle, weißte«, sagt Maslief tröstend.

»FRIKADELLE!« Opa hebt verzweifelt Messer und Gabel gen Himmel. »Frikadelle«, flüstert er zur Zimmerdecke hinauf. »Das ist die Jugend von heute. Steh mir bei!«

»Magst du Frikadellen nicht gern?« fragt Maslief. Aber

sie kann das Lachen nicht mehr zurückhalten. »Hi-hihi«, kichert sie. »Haste lieber 'n kaltes Kotelett?« Sie greift nach der Milchflasche und gießt sich den Becher voll. Sie schmiert sich ein Butterbrot und belegt es mit Käse.

Dann fängt sie in aller Gemütsruhe an zu kauen. »Du noch 'n Bierchen?« fragt sie.

Opa schüttelt sprachlos den Kopf. Die Schweißtropfen stehen ihm noch auf der Stirn. »Also nee, wirklich«, stottert er. »Kannst du mich an der Nase rumführen!«

»Nimm dir noch 'n Kartoffelpuffer«, sagt Maslief. »Wirste groß von.«

So 'ne Frau war Oma

Im Gartenhaus muß viel gemacht werden.

Maslief putzt die Fenster von innen. Opa schneidet draußen die Rosen zurück.

Sie arbeiten richtig hart, und deshalb machen sie oft Pause.

Dann kommt Opa herein und setzt sich auf den einzigen Stuhl, der da ist. Maslief klettert auf das wacklige Tischchen.

Sie trinken Tee aus einer Thermosflasche. Jeder einen Schluck, immer abwechselnd.

»Das ist komisch«, sagt Opa. »Du sitzt viel höher als ich, und dabei fällt mir eine Geschichte ein.«

»Geschichte?« fragt Maslief. »Erzähl mal.«

»Och«, sagt Opa. »Das ist mehr so 'ne alte Männer-Geschichte, weißt du. Von früher.«

Er wartet einen Augenblick. Seine Stirn kriegt Falten vom Nachdenken.

»Ja also«, fängt er an. »Früher hatten wir hier im Dorf eine kleine Fabrik. Da arbeiteten fast alle Männer und ich auch. Da gibt's dann natürlich einen Chef. Versteht sich. Mein Chef, das war so'n ziemlich kleines Männchen. Und der konnte mich nicht leiden. Ich weiß auch, warum, Maslief. Ja. Ich weiß, warum.«

Opa grinst vor sich hin. Er schüttelt den Kopf.

»Warum denn?« fragt Maslief ungeduldig.

»Na, wegen Marie, nicht wahr, wegen deiner Oma«, sagt Opa. »Siehst du, die Marie, das war 'ne Erscheinung, ganz toll, verstehst du? Schlank wie eine Tanne und ein Gesicht wie ein Engel und eh – na ja, sie fiel auf. Und ich war ja schließlich nur ein ganz gewöhnlicher Mann. Bin ich immer noch, übrigens.

Mein Chef, der konnte das nicht vertragen. Der war eifersüchtig. Richtig eifersüchtig. Und weißt du, was er machte? Er schikanierte mich. Jaja.«

Opa schweigt wieder. Er starrt aus dem Fenster. Seine Gedanken sind weit weg, das kann man sehen.

»Weiter, Opa!« ruft Maslief. »Nicht immer aufhören.«

»Nein, eh, also das ging so. Er rief mich zu sich. In sein Büro. Dann sagte er: ›Setz dich.‹ Und dann sagte ich: ›Danke, Herr Hanemann, ich steh lieber!‹ Denn ich kannte das. Wenn ich mich hinsetzte, dann war er viel größer als ich. Verstehst du? Und das wollte der ja nur. Aber wenn ich stehenblieb, dann mußte er zu *mir* aufsehen. Also blieb ich schön stehen.«

»Hätt ich auch gemacht«, sagt Maslief. »Das hast du dir gut ausgedacht.«

»Nicht wahr? Na ja, und dann fing er an zu schimpfen, ich taugte nichts und ich täte meine Arbeit schlecht und so weiter.

Aber auf einmal, von einem Tag auf den anderen, war das vorbei. Ganz komisch war das, weißt du. Der wurde so freundlich! Kaum zu glauben!«

»Wie kam das denn?« fragt Maslief.

»Ach«, sagt Opa. »Jetzt kann ich dir's ja ruhig erzählen. Damals habe ich mich deswegen lange geschämt. Und meine Arbeitskollegen haben mich auch ganz schön damit aufgezogen.«

»Wieso denn? Erzähl doch«, drängt Maslief.

»Na ja, ein paar Tage später gab es irgendeinen kleinen Streit. Einer von den Jungens war mir auf die Ze-

hen getreten oder so was. Und da sagt doch einer:
›Mit Willem darfste keinen Streit anfangen, der schickt
seine Frau auf dich los.‹ Ich spring auf, pack mir den
Kerl beim Kragen und brülle: ›Was sagst du da? Was
ist mit meiner Frau?‹

›Oh, nix‹, sagt der. Oh, nix. Jaja. Kann man sich ja
denken. Und die anderen grinsen alle verlegen.
Dann habe ich das so Stück für Stück rausgekriegt.
Die ganze Geschichte.«

»Och Mann, Opa! Weiter! Du hörst ja immer wieder auf!« ruft Maslief ärgerlich.

»Geduld, Mädchen, Geduld. Siehst du, ich hab immer alles zu Hause erzählt. Alles. Der Marie natürlich, deiner Oma. Auch die Sache mit meinem Chef und wie der mich ärgerte. Na, das hat sie anscheinend so wütend gemacht. Da hat sie eines Tages ihr bestes Kleid angezogen und den schönsten Hut aufgesetzt und ist einfach hingegangen zu meinem Chef. Mitten in der Arbeitszeit. In sein Büro. Und da ist sie ganz gehörig mit ihm umgesprungen, denn der Mann war von da an so zahm wie ein Lämmchen, solange er lebte.«

»Junge«, sagt Maslief. »Das war aber toll von ihr.«

»Ja, Maslief«, sagt Opa. »Das war es wirklich. Aber jetzt kommt das Verrückteste. Das hab ich noch keinem erzählt. Wenn du meinst, ich wär jetzt stolz gewesen auf sie? Nee, Mädchen. Ich war böse auf sie! Wütend war ich. Die Türen hab ich geschlagen, und angeschrien hab ich sie. Das hab ich getan! Kannst du das verstehen?«

»Nein«, sagt Maslief. »Das versteh ich nicht.«

»Ich auch nicht«, seufzt Opa. »Heute verstehe ich das überhaupt nicht mehr. Denn jetzt, als alter Mann, jetzt weiß ich erst, warum die so eifersüchtig auf mich waren. Weil deine Oma *so* 'ne Frau war. Darum.«

Und er hält den ausgestreckten Daumen in die Luft.

In Holland

Nach dem Mittagessen macht Opa ein Schläfchen. Maslief natürlich nicht. Das wär ja noch schöner, schlafen am hellen Nachmittag.

Opa verlangt es auch nicht von ihr. »Bleib du nur schön draußen«, hat er gesagt, »das ist gesund.«

Aber Maslief hat keine Lust, draußen zu spielen. Ins Gartenhaus will sie. Das ist jetzt schon ganz schön in Ordnung. Man kann schon richtig am Tisch sitzen und lesen. Zum Glück hat sie ihr Lieblingsbuch mitgenommen.

Aber sie kann nicht gut lesen heute. Sie schaut durch die Fenster nach den Vögeln in den Sträuchern. Und dann wieder nach Omas staubigen Büchern auf dem Bücherbord.

Sie steht auf und nimmt vorsichtig eins aus der Reihe. Ein dickes Buch voll kleiner Buchstaben. Ein richtiges Erwachsenenbuch, von dem man nichts versteht.

»Hihi«, lacht Maslief. »Da sind aber 'ne Menge Schreibfehler drin! Tag mit c am Ende! Und was steht da? Liute.«

»Liute, Liute«, murmelt Maslief. »Was soll das heißen?«

Sie sucht mit dem Finger den Anfang des Satzes.

»Owê wie jämmerliche junge Liute tuont«, liest sie.

»Liute, das soll sicher Leute heißen. Schlimmer Fehler. Das konnte ich ja in der ersten Klasse schon richtig schreiben.«

Sie klappt das Buch zu. Eine kleine Staubwolke steigt in die Luft. Man sieht sie vor dem Fenster aufwirbeln.

Maslief untersucht alle Bücher, eins nach dem anderen. Es sind viele Bücher mit Gedichten dabei.

Maslief liest ab und zu eine Zeile. Aber auf einer Seite hat Oma mit roter Tinte einen Vers umrandet. Und den liest Maslief ganz:

In Holland, da will ich nicht sein.

Da werde ich starr wie ein Stein.

Da geht es vornehm zu und teuer,

Da spricht man langsam, ohne Feuer,

Zum Tanzen auf dem Seil ist man zu tugendhaft.

Auch hier behandelt man die Schwachen schlecht,

Der plumpe Spießer aber kriegt sein Recht,

Und nie geschieht ein schöner Mord aus

Leidenschaft.

Maslief versteht den Vers fast ganz. Das ist schön. Deshalb liest sie ihn noch mal und noch mal. Wenn Oma da einen roten Strich drum gezeichnet hat, dann hat sie das Gedicht bestimmt besonders gern gehabt.

Arme Oma. Sie ist doch in Holland geblieben. Und starr geworden ist sie auch. Ganz schlimm sogar. Wie das wohl gekommen ist?

Maslief springt auf. Sie macht ein paar tiefe Kniebeugen. Sie rudert wild mit den Armen herum. Dann läuft sie in den Garten hinaus.

Brief

Liebe Mama!
Ich hab eine Menge Sachen zum Schreiben und darum schreibe ich dir einen Brief weil Opa schläft.
Ich hab ein Gartenhaus gekriegt.
Warum hast du Oma nicht so gern gehabt sie war ein Forschungsreisender das hab ich erforscht und Opa sagt es auch.
Sie war nicht so sehr lieb glaub ich. Vielleicht mehr energisch oder so. Warum hast du das nicht gewußt? Hast du Streit gehabt mit Oma? Und warum?
Warst du manchmal eigensinnig? Ja sicher du bist eigensinnig denn du weißt immer alles besser als ich. Aber manchmal ist es nicht wahr und du meinst es nur.
Ich bin ganz anders. Vielleicht kriegen wir auch mal Streit wenn ich so groß bin wie du wenn du so eigensinnig bleibst. Muß ja nicht aber kann sein.
Was ich nicht versteh das ist warum Oma später im-

mer so viel geputzt hat und saubergemacht bis sie ganz steif wurde. Ich muß Opa mal fragen dann erzähl ich es dir auch. Sie hätte lieber Kapitän werden sollen oder so aber das hat sie nicht gemacht sie hat gebügelt und abgewaschen. Und Opa sagt das Gartenhaus ist dreißig Jahre lang nicht benutzt worden und das kann man sehen. Aber warum nicht denn zuerst hat sie es doch schön gefunden. Dann auf einmal nicht mehr und sie hat ihre Bücher einfach da stehen lassen.

Also tschüs. Maslief

Sirup

»Ach Maslief«, sagt Opa. »Kannst du mal eben eine Besorgung für mich machen? Ich hab vergessen, Sirup zu kaufen, für die Pfannkuchen.«

»Klar«, sagt Maslief.

Sie findet es schade, denn der Teig ist schon fertig.

»Wartest du denn auch mit dem Backen?« fragt sie.

»'türlich«, sagt Opa. »Das sollst *du* doch machen. Ich kann dann noch Staub saugen.«

Maslief geht. Sie ist schnell da. Sie drückt die Ladentür auf, und es klingelt.

Hinten im Laden steht ein alter Mann auf einer Leiter.
Er packt Dosen in ein Regal. Er hat die Ladenklingel
sicher nicht gehört, denn er kommt nicht runter. Maslief muß lange warten.

Da kommt eine Frau herein. Die ist auch schon alt. Ihr
Gesicht ist ganz runzlig. Sie fängt sofort an zu reden.

»Du bist doch die Enkelin von Willem, nicht? Jaja, du
bist ganz die Mutter. He, sieh dir das an, Jakob. Ist sie
nicht ganz . . .«

Der alte Mann hat sich umgedreht. Er guckt Maslief
an, als ob sie im Schaufenster stünde.

»Sie hat aber auch was von der Großmutter«, sagt er.

»Findest du?« fragt die Frau. »Ach ja, jetzt, wo du's
sagst. Die Augen. Wie heißt du denn, Mädchen?«

»Maslief.«

»So, das ist aber ein seltsamer Name, hör mal«, sagt

die Frau besorgt. »Aber du kannst ja nichts dafür. War'n vornehmer Mensch, deine Großmutter. Eine Dame, kann man sagen. Und so sauber! Die wienerte jeden Tag sämtliche Fenster. Jedenfalls in der guten Zeit.«

»Das war am Anfang aber anders«, brummt der alte Jakob. »Da gab's nur Lesen und Studieren. Man stolperte bei ihr über den Plunder. Aber dann hat sie sich schön angepaßt.«

»Na ja, am Anfang«, erzählt die Frau. »Da war sie ja auch noch ein junges Ding. Zuviel Träume im Kopf, nicht wahr. Aber später, beide Beine fest auf dem Boden, und arbeiten, das konnte sie!«

»Sind Sie«, fragt Maslief vorsichtig, »sind Sie manchmal bei ihr gewesen?«

Die Frau guckt auf Jakob, ob der wohl Antwort geben will. Aber Jakob dreht sich um und stapelt Dosen.

»Ja, nee, da war sie nicht der Mensch dazu. Jakob hat manchmal was hingebracht, aber sonst ... nee, da kam eigentlich niemand.«

»Warum denn nicht?« fragt Maslief beklommen.

Die Runzeln im Gesicht der Frau zittern wie Spinnweben. »Tja«, sagt sie. »Sie war eben mehr so'n Typ für sich allein, und streng. Die Kinder aus der Nachbarschaft haben schon allerhand mit ihr angestellt. Du weißt, wie das geht.«

70

»Ja«, flüstert Maslief. Aber sie weiß ganz und gar nicht, wie das geht.

»Was haben die denn gemacht?« fragt sie.

»Ach, Steine geworfen auf ihr Gartenhäuschen. Und später Schellemännchen gezogen und so. Meine Kinder natürlich nicht, aber die anderen. 'ne Schande war das, 'ne richtige Schande. Die Frau war nicht von hier, die gehörte eigentlich . . . ich weiß nicht, wo sie hingehörte.«

Die Frau schüttelt den Kopf.

Maslief weiß nichts mehr zu sagen. Sie hat ein Gefühl, als ob sie einen dicken Kloß im Hals hätte.

»Was mußt du eigentlich holen?« fragt die Frau auf einmal.

Maslief schaut sie verwirrt an. Sie wird rot. »Ich hab's vergessen«, stammelt sie.

Der alte Jakob gluckst. Das heißt wohl, daß er lacht.

»Ganz wie deine Großmutter«, sagt die Frau. »Auch so'n zerstreuter Professor. Was eßt ihr denn heute abend?«

»Pfannkuchen«, sagt Maslief. »Ach ja! Sirup muß ich holen.«

Oha, die Erleichterung. Sie nimmt schnell den Topf mit Sirup und bezahlt. Dann rennt sie zurück zu Opas Haus.

Sonnenschein

»Hilfe, wo ist denn die Pfanne?« singt Maslief.

»Ist das ein Liedchen?« fragt Opa.

»Weiß ich nicht«, sagt Maslief. »Das sing ich nur so.«

»Noch mal«, sagt Opa. »Ich mach die zweite Zeile.«

Maslief holt tief Atem. Dann singt sie:

»Hilfe, wo ist denn die Pfanne?«

»Liegt die in der Regentanne?« brummt Opa.

Maslief guckt ihn erstaunt an. »Regentanne?« fragt sie.
»Was ist das denn?«

»Das heißt Regentonne«, sagt Opa ruhig. »Ich sag nur
Tanne, dann reimt es sich besser. Jetzt mußt du dir die
dritte Zeile ausdenken.«

»Oh«, sagt Maslief. Sie findet das Ganze doch ein bißchen schwierig.

»Fang noch mal an«, sagt Opa.

»Gut: Hilfe, wo ist denn die Pfanne?«

»Liegt die in der Regentanne?«

»Oder in der Kaffeekanne?«

»Nee – in unserer Badewanne.«

Maslief muß lachen. »In der Badewanne?« kichert sie.
»Was machste denn mit der Bratpfanne in der Badewanne?«

»Es braucht ja nicht richtig wahr zu sein«, sagt Opa.
»Hauptsache, man kann drüber lachen.«

Er hat inzwischen die Bratpfanne aus dem Schrank geholt.

Maslief stellt sie aufs Feuer. »Jetzt muß Speck rein«, sagt sie.

»Hilfe, wo ist denn der Speck?« singt Opa.

»Hängt der wohl am hohen Reck?«

»Oder sitzt er im Versteck?«

»Nee – da läuft er um die Eck.«

Opa guckt sich um. »Um welche Ecke denn?« brummt er. »Der Speck läuft um die Ecke?«

»Hauptsache, man kann drüber lachen«, sagt Maslief.

»Jaja«, sagt Opa. »Haha!«

»Jetzt den Teig rein«, sagt Maslief ungeduldig, denn der Speck brutzelt in der Pfanne. Sie gießt einen Schöpflöffel Teig hinein. Es geht wunderbar. Die ganze Küche riecht schon nach Pfannkuchen.

»Wo ist denn das Omelett?« singt sie.

»Schwimmt das nicht im heißen Fett?«

»Ist es schwarz wie ein Brikett?«

»Nein, es liegt schon längst im Bett!«

Oh, da muß man wirklich lachen! Maslief kann sich nicht mehr halten. Ein Omelett im Bett, und so schwarz wie ein Brikett!

»Mit dir kann man prima lachen, Opa«, sagt sie zufrieden.

»Weiß ich, Mädchen«, sagt Opa düster. »Ich bin der Sonnenschein im Haus. Immer gewesen.«

Maslief sieht ihm ins Gesicht. Also, diese Erwachsenen soll einer begreifen. Na ja. Hauptsache, man kann lachen. Sie läßt schnell ihren Pfannkuchen auf den Teller rutschen und fängt an zu essen. Opa backt einen für sich.

»Wo ist jetzt der nächste Spaß?« singt er.

(»Liegt er nicht im grünen Gras?

Nein, er schwimmt im Tintenfaß –

oder weißt du sonst noch was?«)

Wimm

»Warum sie mich geheiratet hat? Ich weiß es nicht«, sagt Opa.

»Ich schon«, sagt Maslief.

Opa guckt sie überrascht an. »Ach ja?«

»Ja«, sagt Maslief. »Du bist 'n Lieber, deshalb.«

Opa nickt langsam mit dem Kopf. »Das muß es gewesen sein«, sagt er.

»Ich nehm später auch nur einen Mann, wenn er lieb ist«, erklärt Maslief. »Was hat man sonst schon groß davon?«

»Gar nichts«, sagt Opa. »Da hast du ganz recht. Aber eh, nur lieb und sonst nichts – ist das denn genug?«

Sie denken beide darüber nach.

»Mir fällt nichts anderes ein«, sagt Maslief. »Was soll er denn noch mehr sein?«

»Das weiß ich auch nicht«, sagt Opa seufzend. »Gescheit vielleicht.«

»Na, das ist doch klar«, sagt Maslief. »Ich heirat doch keinen Dummkopf.«

Es klingelt an der Tür. Opa steht auf. »Immer dasselbe«, brummt er. »Mitten in 'nem guten Gespräch.«

Er schlurft unwillig zur Haustür und öffnet.

Es bleibt lange still.

»Wimm!« ruft Opa laut. »Junge!«

Dann ist es wieder still.

Maslief fühlt ihr Herz klopfen. Wimm? Wer war das noch?

»Bist du allein, Junge?« hört sie Opa fragen. Seine Stimme ist heiser.

»Ja ja«, sagt Wimm. »Das ging nicht anders.«

Dann kommt er rein. Er ist sehr groß. Und außerdem sieht er aus wie Masliefs Mutter, nur eben als Mann.

Maslief wird ganz verlegen. Sie kriecht halb hinter den Tisch. Wimm – das ist natürlich Onkel Wimm aus Kanada. Den hat sie noch nie gesehen.

»Hallo«, sagt er.

»Tag«, sagt Maslief.

»Hast du Besuch, Papa?« fragt Onkel Wimm.

»Ja«, sagt Opa. Er ist ganz durcheinander. Er sieht Onkel Wimm an. Er schüttelt den Kopf, als ob er überhaupt nichts mehr verstünde.

»Das ist Maslief«, sagt er.

»Ach natürlich«, sagt Onkel Wimm. »Jetzt sehe ich es. Ich erkenn dich von den Fotos.« Er streckt eine riesige Hand aus und schüttelt Masliefs Hand.

»Setz dich doch, Junge«, sagt Opa. »Du mußt mir so viel erzählen. Nee, wart mal, du mußt was trinken. Tee? Kaffee?«

»Laß nur«, sagt Onkel Wimm.»Ich hab so viel Kaffee getrunken. Der kommt mir schon zur Nase raus. Setz du dich erst mal ruhig hin.«

Das tut Opa. Er schaut immer wieder Onkel Wimm an. Und ab und zu schüttelt er ungläubig den Kopf.

Maslief bleibt ganz still am Tisch sitzen. Komisch auf einmal, mit so einem fremden Mann im Haus. Hat Opa sie ganz vergessen? Wenn die beiden es nicht merken, geht sie einfach ins Gartenhaus.

»Ich hätte vielleicht 'ne Woche früher kommen sollen«, sagt Onkel Wimm.

»Jetzt bist du da«, sagt Opa. »Das ist die Hauptsache.« Er beugt sich vor und legt Onkel Wimm die Hand aufs Knie.

Maslief steht auf. Sie geht leise in den Flur hinaus und zur Küche. Vorsichtig macht sie die Hintertür auf und läuft in den Garten hinaus.

»Es klingt vielleicht ein bißchen verrückt, Wimm«, sagt Opa drinnen im Zimmer. »Ich hab dich fünf lange Jahre nicht gesehen, aber ich muß jetzt einfach noch mal zu Maslief. Wir waren gerade so richtig im Gespräch, verstehst du?«

Hilflos sieht er seinen Sohn an. Dann steht er auf. Ein bißchen gebeugt geht er zum Flur.

»Papa«, ruft Wimm hinter ihm her. »Mann, du hast dich überhaupt nicht verändert. Laß dir Zeit, ja?«

Im Flur bleibt Opa einen Augenblick stehen. Er lächelt. »Du bist 'n guter Junge«, murmelt er.

Wartet nur!

»So 'ne Beerdigung«, sagt Onkel Wimm, »das ist nichts für mich.«

»Da hast du recht, Junge«, sagt Opa. »Immer das gleiche Theater, da hilft alles nichts.«

»Ich bin dabei gewesen«, erzählt Maslief. »Da ist nicht viel dran.«

»Nein«, sagt Onkel Wimm.

Sie horchen eine Zeitlang in die Stille hinein. Oder auf das Ticken der Uhr.

»Ich hab das Gartenhaus gekriegt«, erzählt Maslief.

»So«, sagt Onkel Wimm. »Das ist ja schön für dich.«

»Da stehen Omas Bücher. Aber die sind schon fast kaputt.« Verlegen sieht Maslief ihn an. Sie möchte so gern, daß er was von Oma erzählt.

Aber Onkel Wimm sagt gar nichts. Er schaut sich um.

»Warum habt ihr die Bücher denn nie weggeräumt?« fragt er dann.

»Tja, Junge«, seufzt Opa. »Das ist sonderbar. Deine Mutter wollte das nicht. Sie sollten im Gartenhaus bleiben.«

Onkel Wimm schüttelt nachdenklich den Kopf. »Merkwürdig. Ich hab Mutter niemals lesen sehen, wißt ihr das?«

»Das stimmt, Junge«, sagt Opa. »Das kam ganz plötzlich, von einem Tag auf den anderen, da war es vorbei. Da rührte sie kein Buch mehr an. Kam auch nie mehr ins Gartenhaus. Aus und vorbei. Schluß. Und von dem Tag an fing sie an zu putzen, zu schrubben und Staub zu wischen. Sie putzte, bis alles auf dem Kopf stand, wenn man nicht aufpaßte.«

»Ja.« Onkel Wimm nickt. »So kenn ich Mutter. Das ging den ganzen Tag lang. Wie ein Maschinchen.«

»Jaja«, murmelt Opa. »Wie ein Maschinchen.«

Dann ist es wieder still. Das gefällt Maslief gar nicht.

»Warum erzählt ihr denn nicht weiter?« fragt sie. »Ihr sollt nicht immer wieder aufhören.«

Onkel Wimm zieht die Schultern hoch. »Was ist da groß zu erzählen?« fragt er.

»'ne Menge, Wimm, 'ne ganze Menge«, sagt Opa. »Da hat sie wirklich recht. Soll ich dir noch was erzählen, von Oma, als sie noch jung war?«

»Nein«, sagt Maslief angriffslustig. »Du mußt mir erzählen, warum sie auf einmal so geworden ist wie ein ... wie ein Maschinchen.«

Opa und Onkel Wimm gucken sich an. Onkel Wimm seufzt, und Opa hustet hinter der vorgehaltenen Hand. Aber sie sagen nichts.

»Erzählt doch«, sagt Maslief ungeduldig.

»Am Anfang fand ich es ja sogar richtig«, erzählt Opa. »Ich dachte: aha, jetzt kriegt sie endlich Spaß daran.

Am Haushalt. Denn sie sang dabei. Sie war ganz fröhlich.«

»O ja?« fragt Onkel Wimm. »An so was kann ich mich überhaupt nicht erinnern.«

»Nein, natürlich nicht«, sagt Opa. »Denn später war sie still. Und ihr Gesicht wurde so starr . . .«

»Sag nur ruhig mies«, wirft Onkel Wimm ein.

»Wimm!« ruft Opa.

»Nimm's mir nicht übel«, murmelt Onkel Wimm.

»Na ja«, brummt Opa. Er zögert. »Vielleicht hat er recht, Maslief. Vielleicht guckte sie wirklich ein bißchen sauer.«

»Sie wollte alles besser machen als andere Leute«, sagt Onkel Wimm. »Verstehst du, Maslief? Unsere Kleidung mußte immer noch sauberer sein als die Sachen der Nachbarskinder. Und unsere Fenster noch blanker.«

»Jaja.« Opa nickt. »Das konnte einen schon richtig nervös machen.«

»Ja!« schreit Maslief auf einmal. »Aber WARUM? *Das* frag ich doch die ganze Zeit. Warum? Erst hat sie lieber gelesen im Gartenhaus. Und dann, und dann . . . wie kann denn so was passieren? Dann fing sie an zu putzen, dann fing sie an, ein saures Gesicht zu machen. *Das* will ich wissen. WARUM HAT SIE DAS GEMACHT?«

Opa und Onkel Wimm sehen sich erschrocken an.

»Ja, um Himmels willen«, stottert Opa. »Warum bist du denn so wütend?«

Onkel Wimm schüttelt mitleidig den Kopf. »Der Mensch ist ein Rätsel«, sagt er.

Maslief ballt wütend die Fäuste. Siehste wohl. Jetzt geben sie wieder keine Antwort. Sie wollen es nicht sagen. Aber sie kommt schon noch dahinter! Wartet nur!

Wörter

»Eines Tages, Wimm«, erzählt Opa, »eines Tages kam deine Lehrerin zu Besuch. Du kannst dich bestimmt nicht mehr daran erinnern. Sie hatte dir am Tag zuvor ein Briefchen mitgegeben. Ob sie kommen könnte. Na schön, sie konnte. Und da war sie dann.

Ich fand sie ganz nett, aber deine Mutter nicht. Das konnte man sofort sehen. Dann kriegte sie immer so was über sich, weißt du. Uff. Und mir brach der Schweiß aus, tatsächlich. Dann wurde sie höflich, Junge, schrecklich war das.«

Maslief sitzt am Tisch und zeichnet. Sie tut so, als ob sie nicht zuhörte. Das ist vielleicht wieder so eine Er-

wachsenen-Geschichte, die Opa erzählen will. Weiß
man nie.

»Na ja, ob die Dame ein Täßchen Tee möchte. Wie es
denn mit ihrer Gesundheit stünde. So ging das weiter.
›Meine Dame‹, sagte deine Mutter, verstehst du? Dabei wußte sie ganz genau, daß die Lehrerin nicht nur
kam, um sie zu besuchen. Die wollte was Unangeneh-
mes berichten. Über dich. Das war früher immer so.
Wenn der Lehrer oder die Lehrerin zu Besuch kam,
dann war da irgendwas Peinliches im Busch.«

Onkel Wimm nickt. »Das kann gut sein«, sagt er.

»Gut, die Lehrerin trinkt also Tee, nicht wahr? Und rutscht auf dem Stuhl hin und her. Das zog sich hin, aber dann kam es raus. Es wäre ihr zwar unangenehm, aber sie müßte doch noch etwas über Wimm berichten. Sie empfände das als ihre Pflicht.«

»Natürlich«, sagt Onkel Wimm. »Was tut der Mensch nicht alles aus Pflichtgefühl.«

»So ist es, Junge.« Opa nickt. »Also sie sagte: ›Ihr Junge, gnädige Frau, das ist ja ein fixer Kerl . . .‹ Und klapp. Mund zu. Stille.

Sagt deine Mutter: ›Das ist mir bekannt. Noch ein Täßchen Tee?‹«

Opa grinst. Er schüttelt fröhlich den Kopf.

»Kannst du dir das vorstellen, Wimm?« fragt er. »Das sagt sie mit so 'nem eisig-höflichen Gesicht. Ja. Das war gut, weißt du.

Sagt die Lehrerin: ›Aber was uns nicht gefällt, das ist sein Sprachgebrauch.‹

›Ach‹, sagt deine Mutter. ›Wie war das doch gleich? Ein Löffelchen oder zwei?‹

›Zwei, danke‹, sagt die Lehrerin. Und dann wieder Stille. Lange, lange Stille.

›Er gebraucht solche eh . . . Wörter‹«, fährt die Lehrerin fort.

›So, aha‹, sagt deine Mutter. ›Was für Wörter?‹

›Na ja‹, sagt die Lehrerin mit knallrotem Kopf. ›Er sagt häßliche Wörter.‹

›Nein wirklich!‹ antwortet deine Mutter. ›Was denn für welche? Können Sie mir nicht ein paar nennen?‹«

Opa ist nun selbst knallrot geworden. Er sitzt da und schüttelt sich vor Lachen. Maslief beißt sich auf die Lippen, um nicht mitlachen zu müssen.

»›Aber gnädige Frau‹«, ruft die Lehrerin aus. ›Sie wissen doch sicher so ungefähr, was für eine Art von Wörtern ich meine!‹

›Nein‹, sagt deine Mutter. ›Da fällt mir gar nichts ein. Ich kenne keine schlechten Wörter, glaube ich.‹ Hahaha. Jaja. Die Lehrerin zieht eine beleidigte Schnute, und sie sagt: ›Gnädige Frau, ich glaube, Sie setzen sich nicht ernsthaft mit diesem Problem auseinander.‹

›Nein‹, sagt deine Mutter eiskalt. ›Ich finde, es ist ein lächerliches Problem. Noch ein Täßchen Tee gefällig?‹

Da hättest du mal sehen müssen, wie das Fräulein guckte! Die wußte nicht mehr, wo sie dran war!

›Aber gnädige Frau!‹ ruft sie.

›Regen Sie sich nicht auf‹, sagt deine Mutter gelassen.

›Gnädige Frau!‹ sagt das Fräulein beharrlich. ›Wenn Sie nichts dagegen tun, wird Wimm ein schlechter Junge!‹ Oha, kaum zu glauben. Aber das sagte sie wirklich.

Und dann passierte es. Deine Mutter steht auf, sie stellt sich dicht vor die Lehrerin hin und sagt langsam und deutlich: ›Wimm ein schlechter Junge? Ach Scheiße.‹«

Man wächst von selber

Es ist Samstag. Maslief steht vor dem Fenster, da fährt ein kleines rotes Auto vor. »Mama!« ruft sie und läuft nach draußen.

»Hoi, Maslief«, sagt ihre Mutter. »Laß dich mal richtig ansehen. Ich hab ganz vergessen, wie du aussiehst.«

»Das weißt du doch«, sagt Maslief. »Wie 'ne Tomate mit Augen.«

»Ich komm dich abholen«, sagt ihre Mutter. »Das dauert mir viel zu lange. Mir wird schon ganz elend so allein.«

»Elend?«

»Ja, elend.«

Dann gehen sie Hand in Hand nach drinnen.

»Tag, Pa«, sagt Masliefs Mutter zu Opa. Sie gibt ihm einen dicken Kuß. »Wie geht's dir?«

»'n bißchen eingerostet«, sagt Opa. »Sonst keine Klagen.«

»Eingerostet?« lacht Masliefs Mutter.

»So ist es«, sagt Opa. »Das kannst du nicht verstehen. Dazu bist du noch zu jung.«

»Opa macht Witze«, erklärt Maslief. »Komm mit. Du mußt mein Gartenhaus sehen.«

»Hoho«, sagt Opa. »Und Onkel Wimm?«

»Wimm!« ruft Masliefs Mutter. »Ist Wimm da? Seit wann denn? Warum weiß ich nichts davon?«

»Es wird eben alles schlechter«, murmelt Opa.

»Schöne Wirtschaft!« brummt Masliefs Mutter. »Wimm! Wo bist du?«

»Hiero!« brüllt Onkel Wimm aus der Küche. Im gleichen Augenblick stößt er die Küchentür auf. Er hat eine Spülbürste in der Hand. Und eine Schürze umgebunden.

Masliefs Mutter läuft auf ihn zu. Sie gibt ihm auf jede

Backe einen Kuß.

Von der Spülbürste tropft Seifenschaum auf ihren Rock.

Maslief guckt verwundert zu. Sie findet das alles ein bißchen verrückt. Onkel Wimm ist doch eigentlich ein fremder Mann. Aber ihre Mutter kennt ihn ganz gut. Weil er ja ihr Bruder ist.

Manchmal passieren komische Sachen.

»Allmächtiger, Wimm!« ruft ihre Mutter aus. »Du bist ja wahnsinnig groß geworden. Ich komm ja fast nicht mehr ran an dich.«

»Da kannste nichts machen«, sagt Maslief. »Man wächst von selber.«

»Kann man nicht viel gegen sagen«, sagt Opa.

Onkel Wimm zupft verlegen an seiner Schürze. »Geh nur rein«, sagt er. »Ich mach Kaffee.«

Kratzer

Nach dem Kaffee geht Masliefs Mutter endlich mit zum Gartenhaus. Maslief zieht sie mit sich durch den Garten und dann in das Häuschen hinein.

»Ich muß dir was zeigen«, sagt Maslief. Sie zeigt auf einen alten Tisch. »Siehst du da was Besonderes?«

»Nein«, sagt ihre Mutter. »Ich seh einen alten Tisch. Mehr nicht.«

»Genau hingucken«, sagt Maslief. Sie wischt mit der Hand etwas Staub von der Tischplatte.

»Da sind Kratzer drauf«, sagt ihre Mutter. Sie beugt sich vor, um die Kratzer besser sehen zu können. »Komisch«, murmelt sie. »Ganz tiefe Rillen.«

»Und auch ganz lange«, sagt Maslief. »Von oben bis unten.«

»Ja«, sagt ihre Mutter. Sie seufzt. Sie schaut sich schnell um. Dann seufzt sie noch einmal. »Sollen wir wieder nach draußen gehen?« fragt sie.

»Die Kratzer sind mit einem Messer gemacht«, sagt Maslief. »Ich hab's mit dem Fingernagel probiert. Aber das Holz ist viel zu hart.«

»Oh«, sagt ihre Mutter.

»Verrückt, nicht?« fragt Maslief.

»Eh – ja. Vielleicht waren die Kratzer schon vorher drin und dann . . .«

»Nee, weißte«, sagt Maslief. »Opa hat den Tisch doch selbst gemacht.«

»Oh«, Masliefs Mutter trommelt mit der Hand auf der Rückenlehne des Stuhls.

»Warum bist du denn so nervös?« fragt Maslief.

»Mir wird richtig komisch hier drin«, sagt ihre Mutter kurz angebunden.

»Komisch? Die Tür ist doch offen!«

Maslief fährt mit ihren Fingern den tiefen Kratzern auf der Tischplatte nach. Es sind kerzengerade Rillen, ordentlich in einer Reihe. »Ich hab dir einen Brief geschrieben«, sagt Maslief.

»Ja«, antwortet ihre Mutter. »Du hast gefragt, warum Oma und ich Streit gekriegt haben. Das ist nicht so einfach zu erklären. Ich war natürlich eigensinnig. Aber Oma auch.«

»Ich weiß, was die Kratzer bedeuten«, sagt Maslief.

Aber ihre Mutter hat es nicht gehört.

»Ich konnte sie schon fast nicht mehr ausstehen«, erzählt sie weiter. »Sie hielt nichts von den Kleidern, die ich trug, und nichts von meinen Freunden. Sie fand eigentlich überhaupt nichts gut. Als ich studieren wollte, durfte ich mir kein Zimmer nehmen in der Stadt. ›Du bist noch ein Kind‹ sagte sie, ›das gibt's nicht.‹ Ich bin doch gegangen. Ich war schon achtzehn, mußt du bedenken. Und ich bin nie wieder hierher zurückgekommen. Ja doch, viel später, mit dir, ganz selten. Aber damit bin ich auch schief aufgelaufen. Sie fand, daß ich dich nicht richtig erziehe. ›Zu frei‹, sagte sie. ›Das gibt nur Ärger später!‹ Beim letztenmal warst du noch ein ganz kleines Kind. Da saß sie schon lange aufrecht und steif in ihrem Sessel. Sie sagte schon fast gar nichts mehr. Aber wenn Opa und ich versuchten, ein bißchen Spaß zu machen, dann hustete sie kurz. Dann war Opa sofort still. Es war nicht auszuhalten. Wenn ich daran denke, wird mir wieder ganz anders. Da kannst du alle Türen auf einmal öffnen, das hilft nichts.«

Maslief hat gut zugehört. Das ist eine schlimme Geschichte. Denn Oma ist doch kein schlechter Mensch gewesen. Und ihre Mutter auch nicht. Und doch hatten sie Streit gekriegt. Für immer.

»Quer durch die Kratzer hat sie einen kleinen Kreis gezeichnet«, sagt Maslief. Sie zeigt wieder auf die Tischplatte. »Mit Bleistift. Das ist ein Gesicht. Guck

mal. Da sind die Augen. Da hab ich gemerkt, was die Kratzer bedeuten.«

»Was denn?« fragt ihre Mutter.

»Die Kratzer, das sind Gitterstäbe. Und das Gesicht, das ist Oma.«

Warm essen

»Wenn sonst nichts Besonderes los ist, dann soll man wenigstens gut essen«, sagt Masliefs Mutter.

»Gute Idee.« Onkel Wimm nickt. »Da kann man auch gut drüber reden.«

»Worüber?« fragt Maslief.

»Übers Essen«, sagt Onkel Wimm. »Darüber kann ich endlos reden.«

Opa guckt nach draußen. Er sagt nichts. Vielleicht hat er das alles früher schon mal gehört.

»Was essen wir heute abend, Pa?« fragt Masliefs Mutter.

»Wie? Was?« sagt Opa erschrocken.

»Weißt du, was lecker ist?« sagt Onkel Wimm. »Windbeutel!«

»Wie meinst du das?« fragt Opa. »Als Abendessen?«

»Ja, lecker!« ruft Maslief. »Windbeutel mit Sahne.«

»Und 'nen sauren Hering dazu«, sagt ihre Mutter.

Opa schüttelt den Kopf. »Jaja, macht ihr nur eure Witze«, sagt er.

»Man muß essen, was im Topf ist«, sagt Onkel Wimm.

Masliefs Mutter nickt heftig. »Das hat Mutter immer gesagt«, ruft sie.

»Und wenn man was nicht essen wollte, dann kriegte man es am folgenden Tag wieder«, sagt Onkel Wimm. »So lange, bis man's aufgegessen hatte.«

»Spinat zum Beispiel«, sagt Masliefs Mutter. »Brrr.«

»Ach Kinder«, sagt Opa. »Sie hat's doch gut gemeint.«

»Ich war hartnäckig, weißt du«, erzählt Masliefs Mutter. »Ich konnte es drei Tage lang stehenlassen.«

»Ja«, sagt Opa. »Und dann schlief sie in der Nacht nicht.«

»Wer?« fragt Maslief. »Mama?«

»Deine Mutter schlief wie ein Murmeltier«, sagt Opa. »Oma. Die war unruhig. Die dachte, ein Kind kann keinen Tag ohne warmes Essen auskommen.«

»Ihre eigene Schuld«, sagt Masliefs Mutter. »Oder darf ich das nicht sagen?«

Opa sagt nichts. Was für 'n Unsinn. Natürlich darf sie das sagen. Onkel Wimm seufzt. »Du solltest lieber nicht mehr davon reden«, sagt er. »Was hilft's?«

»Da hast du recht«, sagt Masliefs Mutter. »Was essen wir heute abend?«

Niemand antwortet. Es ist, als ob jeder mit seinen Gedanken woanders wäre.

»Warum war Oma so streng, Opa?« fragt Maslief mit dünnem Stimmchen.

»Tja«, sagt Opa. »Warum?«

Er zögert einen Augenblick. »Das *war* früher so«, erzählt er dann. »Die Menschen sind anders heute. Früher dachten sie, man müßte mit den Kindern ganz streng sein. Auch wenn man dann hinterher schlaflose Nächte hatte. So war das nun mal. Oma wollte ihr Bestes tun. Und da war sie eben streng. Aber schön fand sie es auch nicht.«

Ach, ach, wie still können Menschen sein, wenn es sein muß. Maslief schiebt einen Marienkäfer auf ihrem Arm vorwärts. Ihre Mutter dreht Löckchen mit ihrem Haar. Und Opa drückt verlegen seinen Zigarrenstummel in einem Blumentopf aus.

»Bitte, laß uns von was anderem reden«, sagt Onkel Wimm.

»Über Windbeutel zum Beispiel«, sagt Masliefs Mutter.

Opa steht auf. »Ich hab was Ausländisches gekocht«, sagt er. »Wie heißt es noch? Dieses Bindfadenzeug?«

»Spaghetti?« ruft Onkel Wimm. »Warte, ich helf dir.« Er springt auf und verschwindet mit Opa in der Küche.

»Weißte, was ich tu?« fragt Maslief. »Ich tu niemals mein Bestes.«

Ihre Mutter nickt langsam mit dem Kopf. Aber sie gibt keine Antwort. Vielleicht fällt ihr nichts ein.

Knie

Masliefs Mutter blättert in einem Fotoalbum. Maslief sitzt neben ihr. Sie guckt neugierig auf die merkwürdigen Fotos mit den fein angezogenen Kindern.

»Was haste denn da an?« fragt Maslief. Sie zeigt auf ein Foto. Da ist ihre Mutter drauf, als Zehnjährige so ungefähr. Sie trägt ein weißes Kleid, das bis auf die Erde reicht. Sie hat eine Art Kranz auf dem Kopf.

»Da war ich Brautjungfer«, erzählt sie. »Auf der Hochzeit von . . . von wem denn? Weißt du das noch, Pa?«

»Ich? Hör mal!« sagt Opa. »Ich hab doch ein Gedächtnis wie alte Socken.«

»Das war jemand aus dem Dorf, glaub ich«, sagt Masliefs Mutter. »Ich bin so oft Brautjungfer gewesen.«

»Haste das denn schön gefunden?« fragt Maslief.

»Natürlich. Dann durfte ich doch das schöne Kleid wieder anziehen.«

»Fürchterlich war das«, sagt Onkel Wimm. »Man mußte in den engen Anzug rein. Den ganzen Tag über. Und lief rum für nix.«

»Na, also ich fand es großartig«, sagt Masliefs Mutter.

»Und wer ist das?« fragt Maslief. Sie zeigt auf ein anderes Foto. Da ist ihre Mutter auch drauf. In demselben Kleid. Aber neben ihr steht ein kleiner Junge im schwarzen Anzug.

»Das ist Toni«, sagt ihre Mutter. »Den wollte ich heiraten.«

»Och!« ruft Maslief ungläubig. Sie sieht sich das Foto noch mal genau an. Der Junge guckt steif aus dem Bild. Er sieht aus, als ob er gleich heulen wollte.

»Der hatte immer so'ne Rotznase«, erzählt ihre Mutter. »Aber ich wußte ganz genau, den wollte ich heiraten. Er wollte übrigens nichts davon wissen.«

»Ging der mit dir zur Schule?« fragt Maslief.

»Ja. Und es war der Nachbarsjunge.«

»Nachbarsjunge? Von dem Nörgel-Nachbarn?« fragt Maslief.

»Ja, der«, ruft Opa dazwischen. »Und der ist genauso geworden wie sein Vater. Auch so'n, so'n . . .«

»So 'ne Flasche?« fragt Maslief.

»Eh – ja.« Opa nickt.

»Gut, daß nichts draus geworden ist«, sagt Onkel Wimm. »Aus eurer Heiraterei.«

»Hier!« Masliefs Mutter beugt sich noch mal über das Foto. »Guck mal hier, Maslief«, sagt sie. »Siehst du, daß mein Kleid hier vorn so komisch sitzt?«

Maslief guckt. Tatsächlich. Das Kleid hat Falten und Beulen.

»Weißt du, wovon?«

»Nein.«

»Ich stand mit eingeknickten Knien. Und weißt du, weswegen? Toni war kleiner als ich. Und das durfte nicht sein, fand ich. Ein Mann mußte größer sein als seine Frau. Und deshalb ließ ich die Knie einknik-ken.«

»Ist ja lächerlich«, sagt Maslief.

»Richtig, Mädchen«, antwortet ihre Mutter.

Rätsel

»Ich weiß ein Rätsel«, sagt Opa. »Amsterdam, die große Stadt – mit drei Buchstaben schreibt man das.«
»Was?« fragt Maslief. Sie kennt das Rätsel schon lange, aber es kommt ihr so vor, als ob da was nicht stimmte.
»Amsterdam, die große Stadt«, sagt Opa noch einmal, »mit drei Buchstaben schreibt man das.«
Er guckt Maslief an. »Das ist schwierig, was?« sagt er.
»Drei«, sagt Maslief. »Das Wort *das* schreibt man mit drei Buchstaben. Aber du hast es falsch gesagt. Du hast es ja schon vorher verraten.«
»Ach ja?« Opa denkt angestrengt nach. »Amsterdam, die große Stadt – mit drei ... Ach was bin ich für 'n Dummkopf. Ich meine: mit wieviel Buchstaben schreibt man das?«
»Drei«, sagt Maslief.
Opa schüttelt betrübt den Kopf. »Ich kann nicht mal mehr ein einfaches Rätsel behalten«, murmelt er.
»Nee«, sagt Maslief. »Das war wirklich nicht besonders.«
»Komm«, sagt Masliefs Mutter. »Du bist manchmal auch schon ein richtiger Wirrkopf. Neulich hast du gesagt: ›Warte mal, ich muß mir nur noch die Socken aufsetzen.‹«

»Hahaha«, lacht Opa. »Die Socken aufsetzen, ha-haha.«

Maslief sieht ihre Mutter ärgerlich an. »Sehr komisch, nee wirklich«, schnauft sie.

»Ich weiß auch 'n Rätsel«, sagt Onkel Wimm. »Es fängt mit P an. Und es ist gegen den Regen. Und es hört auf mit araplü.«

»Paraplü!« schreit Maslief.

»Hahaha!« Opa lacht. »Das ist ja 'n billiges Rätsel. Das kann ich auch. Nee, aber dies. Das ist viel schwie-riger. Hör mal zu: Der Ofen geht aus und bl eibt doch zu Haus.«

»Der Ofen«, sagt Maslief.

»Was sagst du?« fragt Opa.

»Der Ofen«, sagt Maslief noch einmal.

»Woher weißt du das? Kennst du das schon?« fragt Opa erstaunt.

»Und was habt ihr denn?« ruft er zu Onkel Wimm und zu Masliefs Mutter hinüber. Denn die sitzen da und prusten vor Lachen.

»Du hast es ja schon wieder gesagt!« Maslief lacht. »Du hast gesagt: Der Ofen geht aus und bleibt doch zu Haus. Das darfst du nicht sagen. Dann verrätst du doch alles sofort.«

»O ja«, sagt Opa und wird rot. »Ich geb's auf. Ich kann's nicht mehr.«

»Weißt du denn noch ein Rätsel?« fragt Maslief ihre Mutter.

»Ja sicher«, sagt ihre Mutter lächelnd. »Es hängt an der Wand, und wenn es runterfällt, ist die Uhr kaputt.«

»Eine Uhr!« ruft Maslief.

»Ja ja«, brummt Opa. »Macht ihr euch nur über 'n alten Mann lustig.«

Maslief denkt nach. »Ist das eigentlich schlimm, alt zu sein?« fragt sie.

»Ist das ein Rätsel?« fragt Opa mißtrauisch.

»Nee«, sagt Maslief. »Das ist 'ne Dings, 'ne Frage.«

Opa seufzt. »Das ist komisch«, sagt er. »Ich finde es nicht schlimm. Aber warum nicht – das ist mir ein Rätsel. Kannst du es raten?«

»Weil du eh – weil ...« setzt Maslief an. Sie weiß es nicht. Alt sein ist bestimmt schlimm. Weil man dann so allein ist wie Opa. Und weil man bald sterben muß. Oder krank wird. Oder steif. Wie kommt es, daß Opa das nicht schlimm findet?

»Ich weiß nicht«, sagt sie.

»Siehst du«, sagt Opa stolz. »'n gutes Rätsel, wie?«

Schmusig

»Mama«, fragt Maslief. »Oma war unglücklich, nicht?«

Sie steht mit ihrer Mutter im Garten und guckt auf ihren eigenen langen Schatten.

»Ja, das glaube ich auch«, sagt ihre Mutter. Maslief hat das eigentlich schon lange gewußt, aber daß ihre Mutter das auch gedacht hat . . . Sie hebt den Kopf.

»Ist das Opas Schuld?« fragt sie.

»Nein«, sagt ihre Mutter entschieden. »Das glaub ich nicht. Opa ist doch bestimmt ein guter Mensch.«

»Ja.« Maslief nickt. »Darum verstehe ich's ja auch nicht.«

»Das begreift niemand, glaub ich.«

Maslief seufzt. Sie möchte es doch zu gern wissen.

»Ich find es so schade, daß sie tot ist«, sagt sie.

Ihre Mutter antwortet nicht.

»Wenn sie aber – eh . . .« fängt Maslief von neuem an, ». . . wenn sie aber vielleicht von Opa weggegangen wäre, ob sie dann glücklich geworden wäre?«

Ihre Mutter schüttelt langsam den Kopf. »Ach weißt du, Maslief, Glücklichsein ist nicht so einfach.«

»Nein?« Maslief ist erstaunt. Für sie ist das eine ganz einfache Sache. Wenn man nur was zu lachen hat!

»Nein. Du mußt wissen, was du willst. Oma wollte

Abenteuer erleben. Aber sie wollte *auch* bei Opa bleiben. Und *auch* Kinder haben. Das geht nicht alles zusammen. Man muß wählen.«

»Oh«, sagt Maslief. Sie sieht zur Erde. »Warum ist mein Schatten so lang?« fragt sie.

»Weil die Sonne so tief steht.«

»Ach so. Bin ich eigentlich Oma ähnlich? Das haben sie im Laden gesagt.«

»Ein bißchen schon. Du bist eigensinnig, genau wie ich. Aber du bist viel schmusiger als Oma.«

»Schmusiger?« fragt Maslief.

»Ja. Oma schmuste nie mit uns, weißt du. So.«
Sie nimmt Maslief in die Arme und drückt sie ganz fest an sich.

»Und so.« Sie streicht Maslief übers Haar und gibt ihr ein paar Küsse.

Maslief ist rot geworden. »O ja«, stottert sie. »*Das* meinst du.«

»Das macht 'ne Menge aus, wenn ein Mensch ein bißchen schmusig ist.«

»Ja wirklich?«

»Bestimmt.«

Maslief nickt. Das ist sicher wahr, was ihre Mutter da sagt.

»Ich find es auch schön«, sagt sie, »wenn niemand dabei ist.«

»Da hast du recht«, antwortet ihre Mutter. »Schmusen geht erst richtig gut, wenn niemand zuguckt.«
Maslief versucht gegen die Sonne zu sehen. Die ist jetzt knallrot. Sie versinkt langsam, aber sicher hinter der Erde.

»Doch schade, daß sie jetzt tot ist«, sagt Maslief. »Vielleicht hätte ich es ihr zeigen können, das Schmusen.«
Sie traut sich nicht, ihre Mutter anzusehen. Sie findet sich selbst ziemlich vorlaut. Aber zum Glück lacht ihre Mutter sie nicht aus. Sie sagt: »So was – daran hab ich überhaupt noch nicht gedacht. Vielleicht hättest du's geschafft.«
Es wird kalt. Es kommt ein Wind auf, und die Baumwipfel wiegen sich hin und her.
Sie gehen schnell hinein.

Spannend

Sonntagnachmittag gehen sie spazieren, Opa und Maslief. Ihre Mutter und Onkel Wimm bleiben zu Hause.
Die Sonne scheint, aber es ist nicht warm.
»Das ist lange her«, sagt Opa. »Daß ich hier hergegangen bin.«
Er schaut zufrieden über den Horizont.
In der Ferne kriecht ein Zug über die Erde. Eine Mühle fängt den Wind ein und dreht ihre Flügel. Die Erde ist sehr grün, und der Himmel ist schrecklich blau.

Manchmal ist alles so schön, daß man richtig erschrickt.

»Das ist mein Land«, sagt Opa und seufzt. »Ich hab hier so viel erlebt. Damals als ich noch ein Kind war, und dann später als Mann.«

Maslief sagt nichts.

Sie hält Ausschau. Das Land ist so flach wie ein Geldstück. Schnurgerade Gräben ziehen sich durch die Wiesen. Kühe stehen traurig mit dem Hinterteil gegen den Wind.

»Ach, da ist natürlich schon viel verschwunden«, erzählt Opa. »Bäume sind gefällt, Seen ausgetrocknet und so weiter. Aber ach, ich kann mich noch an alle meine Abenteuer erinnern, auch wenn da jetzt schon Asphalt drüber liegt.«

Sie marschieren frisch voran. Wenn ein Auto vorbeikommt, warten sie am Straßenrand.

»Was denn für Abenteuer?« fragt Maslief.

»Och«, sagt Opa. Er sieht sie verlegen an. »Keine großen Abenteuer, weißt du, eigentlich mehr so Kleinigkeiten. Zu klein, um sie zu erzählen.«

»Oh«, sagt Maslief.

Opa bleibt stehen. »Bist du jetzt enttäuscht?« fragt er.

»Och nee«, sagt Maslief gleichmütig.

»Doch«, sagt Opa. »Du bist enttäuscht. Du denkst: Der Opa, der ist schon so alt, der hat bestimmt 'ne

Menge erlebt. Das ist ja wohl auch so. Aber das sind keine großartigen Geschichten.«

»Erzähl doch«, sagt Maslief.

Opa lacht. »Na gut«, sagt er. »Ich erzähl dir die spannendste Geschichte, die ich hab. Dieser Weg, auf dem wir jetzt sind, der ist eigentlich eine Art kleiner Damm. Siehst du das? Er liegt höher als das übrige Land. Man kann auch nicht abbiegen. Nicht nach links und nicht nach rechts.«

Maslief sieht hin. »Nein«, sagt sie. »Das geht ganz steil nach unten in den Graben.«

»So ist es.« Opa nickt. »Früher, da mußte ich mit dem Fahrrad über diesen kleinen Deich fahren, zur Berufsschule. Das war ein langer Weg. Ich mußte früh aufstehen, sonst kam ich nicht rechtzeitig hin. Eines Morgens war dichter Nebel. Man konnte nur so zwanzig, dreißig Meter weit sehen, weiter nicht. Ich fahr über den Deich, und plötzlich steht eine Kuh vor mir. Mitten auf dem Weg. Na ja, ich war natürlich nicht bang vor so einem Tier. Also brüll ich sie an. Und die Kuh läuft weg. Vor meinem Fahrrad her. Sie konnte ja nicht abbiegen. Sie konnte ja immer nur geradeaus. Das ging so weiter, kilometerweit. Aber auf einmal hatte die Kuh genug. Sie blieb stehen, drehte sich um und kam mir entgegen, mit gesenktem Kopf und dampfenden Naslöchern. Da merkte ich auf einmal, was los war: Das war keine Kuh, das war ein Stier. Ich bremse, spring vom Rad und mach kehrt. Zurück, weg von dem Tier. Und dann kam ich nach einem Riesenumweg Stunden später in der Schule an. Kannst du dir ja denken.«

»Ja«, sagt Maslief. »Aber das ist doch 'n richtiges Abenteuer, find ich.«

»Ach ja?« fragt Opa. »So, das ist schön. Also du findest das?«

»Ja.« Maslief nickt. »So was ist doch spannend.«

»Jaja«, sagt Opa. Er hustet. »Aber eh, die Geschichte ist noch nicht ganz zu Ende.«

»Oh«, sagt Maslief.

»Nein«, sagt Opa. »Sieh mal, das war so: Ich mußte natürlich in der Schule erzählen, warum ich zu spät gekommen war. Also erzähl ich von dem Stier. Aber unser Nachbarsjunge, der Nörgelpeter, weißt du, der ging auch zur Berufsschule. Mit dem fuhr ich nicht, der war mir zu langweilig. Also dieser Nachbarsjunge, der kam auch Stunden zu spät zur Schule. Und was erzählt der? Der sagt: ›Da war 'ne Kuh auf dem Deich, und die hab ich erst noch zum Bauern gebracht.‹

›So‹, sagt der Lehrer. ›Das war dann sicher dein Stier, Willem.‹

Und die Klasse lachte. Ich schämte mich natürlich.«

»Oh«, sagt Maslief. »Ich versteh das noch nicht ganz. War es denn nun ein Stier oder eine Kuh?«

»Eh . . .« Opa zögert. »Für mich war es ein Stier«, sagt er dann.

»Jungejunge, sagt Maslief. »Spannend. Wirklich.«

Alte Kinder

»Weißt du«, sagt Maslief, »ich find es schade, daß Oma tot ist.«

»Ich auch«, sagt Opa. Er legt einen Arm um Masliefs Schulter.

»Ich hätte sie eine Menge fragen können.«

»Was denn zum Beispiel?« fragt Opa.

»Na ja, eh . . .« sagt Maslief zögernd. »Warum und so. Und eh, wenn man groß ist, was man dann tun muß und eh . . .« Sie weiß nicht weiter.

Opa nickt. »Ja ja«, sagt er. »Das sind gute Fragen. Aber ich weiß nicht, ob Oma eine Antwort gewußt hätte. Opas und Omas, das sind ganz alte Kinder. Mehr nicht. Die wissen auch nicht so viel, verstehst du?«

»Oh«, sagt Maslief.

Sie denkt angestrengt nach.

»Warum werden die Menschen denn überhaupt so alt?« fragt sie.

»Um klug zu werden, vielleicht«, sagt Opa.

»Klug?« fragt Maslief. »Was ist klug?«

»Tja«, sagt Opa. »Klug ist, eh, klug ist, glaub ich, wenn man weiß, daß man ein altes Kind ist.«

»Hahaha«, lacht Maslief. »Dafür muß man alt werden?«

»Jahaha.« Opa grinst. »Es klingt ja ziemlich komisch, aber du mußt den Witz verstehen, der da drin sitzt.«

»Versteh ich nicht«, sagt Maslief.

»Das kann ich mir denken«, sagt Opa. »Dafür muß man eben erst richtig alt werden.«

Maslief nickt. »Ich bleib noch 'n bißchen Kind«, sagt sie.

»Da hast du recht«, sagt Opa.

Still

Am Abend darf Maslief lange aufbleiben. Sie spielen ein paar Spiele, und sie trinken ein Glas Wein.

Als die Lampen angemacht werden, bleiben sie noch am Tisch sitzen.

»Gut, daß ihr da seid«, sagt Opa. »Das hilft mir, wenn

ich von Marie spreche. Vielleicht komm ich dann besser dagegen an, morgen, wenn ihr weg seid.«

Onkel Wimm seufzt. »Ich weiß nicht«, sagt er. »Du
solltest dich lieber etwas ablenken. Fang irgendwas
Nettes an.«

»Das tu ich schon«, sagt Opa. »Da brauchst du keine
Bange haben. Jaja. Ich werd noch allerhand anfangen.«

Aber was, das sagt Opa nicht. Er sieht abwesend vor
sich hin, als ob er träumt.

»Du könntest zum Beispiel mal nach Brüssel fahren«,
sagt Maslief.

»Jaja«, murmelt Opa. »Das ist eine gute Idee, Mädchen.« Er schaut auf seine Hände, die zittern ein bißchen. »Guck mal, wie ich alt werde«, sagt er erstaunt.
Er sieht lächelnd in die Runde. Aber so richtig fröhlich
ist er nicht.

»Wißt ihr«, sagt er. »Ich möchte so gern noch was erzählen, denn das geht mir die ganze Zeit im Kopf rum.
Manches kann der Mensch nicht mit sich allein abma-
chen. Dann muß er's an jemand andern loswerden,
versteht ihr?« Er sieht die Tischrunde fragend an.

»Erzähl nur«, sagt Onkel Wimm.

Opa kratzt sich am Hals. Er findet den Anfang nicht
so richtig. Das kann man sehen.

»Seht mal, Kinder, für mich war das ja alles ganz einfach. Ich hab mir gedacht, wenn du dein Brot verdienst, wenn du ein Dach über dem Kopf hast und du hast eine gute Frau geheiratet, dann ist alles in Ordnung. So denkt der Mensch.

Na ja, ich konnte kein Bauer werden wie mein Vater, aber das hat mir nicht mehr viel ausgemacht. Ich ging also in die Fabrik. Auch gut. Und in meiner freien Zeit in den Garten. Der Baumhof. Die Hühner. Schweine hab ich auch gehalten. Was will der Mensch noch mehr? Marie und ich, wir sind uns erst ziemlich spät begegnet. Vielleicht hat's auch daran gelegen, wer will das sagen? Sie war dreißig und ich vierunddreißig, als wir heirateten. Sie hatte zwölf Jahre lang ihre kranke Mutter versorgt. Und als die tot war, da hat sie mich geheiratet.

Sie hat mir allerhand Geschichten erzählt. Was wir alles miteinander unternehmen könnten. Schöne Geschichten. Ach ja.«

Opa schweigt. Er sieht müde aus. Vielleicht muß er sich zwischendurch ein bißchen erholen.

»Ich hab das alles nie so richtig begriffen. Aber das hab ich erst gegen Ende gemerkt. Als sie im Sterben lag.

Wir haben nie viel miteinander geredet. Vor allem in den letzten Jahren nicht mehr. Rheumatismus, wißt ihr, das sind Schmerzen. Das hat sie alles ganz für sich allein durchgestanden. Ohne einen Ton.

Als sie starb, hab ich euch nicht kommen lassen. Ich fand, es war mehr eine Sache zwischen mir und Marie.

Sie war ziemlich ruhig. Sie lag bleich im Bett und starrte zur Decke.

Ich saß neben ihr. Den ganzen Tag. Ich sah sie an, und ich wußte kaum was zu sagen.

Aber am allerletzten Tag konnte ich es nicht mehr aushalten.

Ich sagte: ›Marie, es tut mir so leid.‹

Sie sah mich an. Ganz lange. Ich dachte schon, es käme keine Antwort mehr.

Dann sagte sie: ›Still, mein Junge.‹ Sie schob ihre steife Hand auf meine. Danach haben wir nichts mehr gesagt.«

Guus Kuijer

wurde 1942 in Amsterdam geboren. Von 1966–1973
war er Volksschullehrer. Seitdem hat er sich ganz
der Schriftstellerei verschrieben. Als Verfasser
von Romanen, Erzählungen und vielen Kinder- und
Jugendbüchern ist er über die Grenzen seiner
Heimat Holland hinaus bekannt geworden.
Bei Oetinger sind bisher folgende Kinderbücher von
Guus Kuijer erschienen:

Ich stell mich auf ein Rahmbonbon
Goldener Griffel (holländischer Jugendbuchpreis)

Vernagelte Fenster, da wohnen Gespenster
Silberner Griffel (holländischer Jugendbuchpreis)
Deutscher Jugendbuchpreis, Auswahlliste

Kopfstehn und in die Hände klatschen

Erzähl mir von Oma
Deutscher Kinderbuchpreis

Das Gesamtwerk von Guus Kuijer wurde mit dem
*Holländischen Staatspreis für Kinder- und
Jugendliteratur* ausgezeichnet.

Verlag Friedrich Oetinger, Hamburg